U0454904

尼泊尔、不丹

农业概况

姬秋梅◎主编

气象出版社
China Meteorological Press

内 容 简 介

本书由中国农业农村部"引进国际先进农业科学技术"项目资金支持,是由项目团队在实地调研和资料收集整理的基础上编撰完成的。全书的内容包括两大部分,即尼泊尔和不丹两国的农业概况,包括两国农业资源与管理、农业发展与趋势、农业经济与外贸、农业科技与交流等内容,同时突出描述了两国本土农业资源及其管理,以及两国与我国农业科技合作的需求和政策需求信息,为我国山地农业发展提供了较详细的参考。

本书适合各类读者阅读,包括农业专业的科研工作者及政府相关决策部门。

图书在版编目（ＣＩＰ）数据

尼泊尔、不丹农业概况 / 姬秋梅主编. -- 北京 ：
气象出版社，2023.10
ISBN 978-7-5029-8052-8

Ⅰ. ①尼⋯ Ⅱ. ①姬⋯ Ⅲ. ①农业经济－概况－尼泊
尔②农业经济－概况－不丹 Ⅳ. ①F335

中国国家版本馆CIP数据核字(2023)第189451号

尼泊尔、不丹农业概况
NIBOER、BUDAN NONGYE GAIKUANG

出版发行：气象出版社

地　　址：北京市海淀区中关村南大街 46 号　　　　邮　编：100081

电　　话：010-68407112（总编室）　　010-68408042（发行部）

网　　址：http://www.qxcbs.com　　　　E-mail：qxcbs@cma.gov.cn

责任编辑：蔺学东　毛红丹　　　　　　　　终　审：张　斌

责任校对：张硕杰　　　　　　　　　　　　责任技编：赵相宁

封面设计：楠竹文化

印　　刷：北京建宏印刷有限公司

开　　本：787 mm × 1092 mm　1/16　　　　印　张：14.5

字　　数：240 千字

版　　次：2023 年 10 月第 1 版　　　　　　印　次：2023 年 10 月第 1 次印刷

定　　价：120.00 元

本书如存在文字不清、漏印以及缺页、倒页、脱页等,请与本社发行部联系调换。

《尼泊尔、不丹农业概况》
编　委　会

主　　编： 姬秋梅

副 主 编： Tashi Dorji　格桑顿珠　信金伟

参编人员： 李　超　　Birendra Khanal　Krishna Prasad Paudel

高　雪　　姜　辉　　鲜莉莉　　卓　玛

达娃央拉　洛　桑　　张成福　　张　强

尼玛扎西　洛桑顿珠　平措占堆　次旦央金

　　农业是人类的"母亲产业"，是人类社会的衣食之源、生存之本。早在人类茹毛饮血的远古时代，农业就已经是人类抵御自然威胁和赖以生存的根本。农业支撑了人类的生存与繁衍，没有农业就没有人类的发展，更不会有人类的现代文明。

　　中国农业发展历史悠久，历朝历代高度重视农业生产的发展。新中国成立以来，随着我国对外开放政策的实行，农业对外交往的范围不断扩大，农业科技合作与交流对我国农业发展发挥了重要的作用。近年来，我国与发达国家的农业科技合作交流不断加强，特别是农业农村部组织实施引进国际先进农业技术计划（"948"计划）以来，先后与美国、英国、加拿大、澳大利亚、法国、荷兰、日本等几十个农业发达国家建立了农业科技交流，为我国现代农业发展提供了重要的参考和借鉴。

　　尼泊尔和不丹是喜马拉雅山地国家，与我国西藏自治区毗邻，具有平原、丘陵、高原等不同的地理地貌和气候特征，其地理和气候的多样性造就了丰富的农业资源。喜马拉雅区域独特的地理、气候、交通等因素，限制了外界对这些区域本土物产的深入了解，亟待通过边境贸易互通有无以及农业科技交流与合作，以促进当地农业生产和农业经济的发展。西藏自治区在青藏高原特殊的地理位置决定了其成为中国与周边南亚国家和地区经贸交往的一个重要门户，也是我国实施"一带一路"倡议重要的南亚通道，对我国农业特别是山地农业国际合作和交流有着一定的区位优势。

西藏自治区农牧科学院自 20 世纪 80 年代就通过国际山地综合发展中心（ICIMOD）开展了与尼泊尔的农业科技交流，2016 年又承担了农业部（现农业农村部）"948 计划"项目"南亚（尼泊尔、不丹）农业生物资源引进与农业技术需求和政策信息收集研究"。2017 年 6 月，项目组赴尼泊尔进行了较为详细的基线调研，与尼泊尔农业研究委员会（NARC）就水稻、小麦、玉米、咖啡、水果、奶牛、家禽、山羊、渔业等方面开展了交流，并在后期签订了农业科技合作战略协议，对双方之后的农业科技合作交流进行了实质性的推动，同时也为本书的编撰收集了第一手资料。鉴于中国尚未与不丹建立正式的外交关系，项目组未能前往不丹进行实地调研，但经过多方协调与努力，寻求到不丹国家可再生资源研究所 Tashi Dorji 博士，在他的大力支持和热心帮助下，获得了不丹农业发展现状、发展趋势、资源基本信息以及潜在合作意向等资料，为我国与不丹未来农业科技合作奠定了良好的基础。

相对于发达国家而言，尼泊尔和不丹的农业和农业科技发展相对滞后，但两国的农业资源均非常丰富，在山地农业发展方面也有值得我们借鉴之处。本书编委会在现有的工作基础上，深入研讨、认真编撰，力求做到数据准确、分析科学，充分反映尼泊尔和不丹的农业发展现状，突出本土农业资源信息、农业技术需求与政策信息，为我国山地区域的农业发展和我国援助尼泊尔农业发展提供参考。

编委会期望将两国的农业信息与大家分享，特别是有关不丹农业的国内报道很少，因此特编撰了本书，希望为我国农业业务管理部门、农业科研人员提供两国农业资源相关资料，并对农业生产以及未来科技合作方面有所帮助。

由于出境批准时间短、野外调研工作量大、交通条件滞后，掌握的资料非常有限，加上我们需要掌握的资源信息重点在本土资源，许多名称都是尼泊尔语和不丹语称呼，编委会尽最大努力标注了学名，在翻译过程中也咨询了两国的相关农业专家，但难免有误，希望读者能不吝赐教、给予斧正，以便我们进一步改进。

编　者

2023 年 5 月

目 录

下篇　不丹农业概况

上篇

尼泊尔农业概况

第一章

尼泊尔概况

尼泊尔联邦民主共和国（Federal Democratic Republic of Nepal，简称尼泊尔），属南亚山地内陆国家，位于喜马拉雅山脉南麓（26°22′—30°27′N，80°45′—88°12′E），北与中华人民共和国西藏自治区相接，东与印度共和国锡金邦为邻，西部和南部与印度共和国西孟加拉邦、比哈尔邦、北方邦和北阿坎德邦接壤。

尼泊尔东、西、北三面群山环绕，自古有"山国"之称。喜马拉雅山脉是中尼的天然国界，包括珠穆朗玛峰（简称珠峰）在内，世界十大高峰中有八座在中尼边境。全国总面积14.72万平方千米，总人口约为2919万人（2021年）[1]。尼泊尔共分为5个发展区、14个专区、75个县、36个镇和3995个村。

公元前6世纪，尼泊尔人就已在加德满都河谷一带定居。之后印度的移民以及英国的入侵，共同谱成了尼泊尔的历史。古尼泊尔境内有很多国家，17世纪中叶廓尔喀人兴起，在西部甘达基河沿岸建立了一个小王国（沙阿王朝的前身）。1768年，普里特维·纳拉扬·沙阿统一了尼泊尔地区，结束了加德满都谷地三城分地割据的状态。1769年尼泊尔统一，建立沙阿王朝。

1960年12月，马亨德拉国王取缔政党，解散议会，并于1961年推行无党评议制。1990年，迫于第一次"人民运动"的压力，比兰德拉国王解除党禁，恢复多党议会制。1990年开始的议会制实行两院制，上院由60人组成，其中有10人为国王提名；下院由205名议员组成，从全国205个选区直选产生。2002年，贾南德拉国王宣布解散议会，并于2005年亲政。2006年，时为反政府组织的尼泊尔共产党（毛主义中心）与尼泊尔其他主要政党发起了第二次"人民运动"，贾南德拉国王被迫宣布恢复议会。2006年5月，议会得以恢复，并发表《议会宣言》，尼泊尔国会冻结了贾南德拉的权力，国王权力被大幅削减。2007年，"一院制"临时议会成立。2008年4月10日，尼泊尔举行制宪会议选举，

---

[1] 数据来源：http://np.mofcom.gov.cn/article/jmxw/202201/20220103239647.shtml。

产生了 601 人的制宪会议，行使制宪和议会的双重功能，原临时议会解散。2008 年 5 月，尼泊尔废除君主制，改国号为尼泊尔联邦民主共和国，延续近 240 年的沙阿王朝宣告终结。

尼泊尔是多民族、多宗教、多种姓、多语言（国语尼泊尔语）国家，是佛教（世界三大宗教之一）的发源地。国民人口的 86.2%（2020 年）信奉印度教，其余信奉佛教、伊斯兰教等。全国有拉伊、林布、苏努瓦尔、达芒、马嘉尔、古隆、谢尔巴、尼瓦尔、塔鲁等 30 多个民族。

第一节　国土资源

尼泊尔国土总面积为 14.72 万平方千米，东西长度平均为 855 千米，南北长度平均为 193 千米，国境线全长约 2400 千米。

尼泊尔地势北高南低，相对海拔高度差之大为世界所罕见。境内山峦层叠、多高峰，珠穆朗玛峰（尼泊尔称萨加玛塔峰）就位于中尼边界上。

北部高山区 51817 平方千米（占国土总面积的 35.2%），海拔为 4877～8848 米（珠穆朗玛峰），绝大部分山脉都覆盖冰雪，为其国内主要江河的起源地。中部丘陵地区 61345 平方千米（占国土总面积的 41.7%），平均海拔为 610 米，面积比山地和平原大，是重要的山地农业分布区。南部平原 34019 平方千米（占国土总面积的 23.1%），平均海拔为 500 米以下，是尼泊尔土地最肥沃、森林覆盖度最高、种植业最发达的区域（图 1-1 和图 1-2，表 1-1）。

图 1-1　尼泊尔地貌示意图

（来源：Nepal Agricultural Research Council）

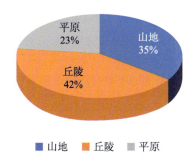

图 1-2　尼泊尔三大生态区划面积比列

表 1-1　尼泊尔主要地形及其面积

类型	面积 / 千米²	百分比 /%
山地	51817	35.2
丘陵	61345	41.7
平原	34019	23.1
合计	147181	100.0

第二节　气候特点

　　尼泊尔属于亚热带气候，但其独特的地理位置和多样化地貌，使之气候类型复杂、地区气候差异明显。

　　按照海拔高度可将全国分为北部高寒地区、中部河谷温带地区和南部平原亚热带区。北部高寒地区，山高谷深，云雾缭绕，温差显著，高山终年积雪；海拔最高的山区，冬季气温甚至最低可达 -41℃，只有夏季可以放牧，该区域即使在炎热的夏天，昼夜的温差也很大。中部河谷温带地区，夏季无酷暑，冬季也不是很寒冷，巍巍喜马拉雅山挡住了北方干冷的寒风，使这一区域气候宜人、风景美丽，首都加德满都就位于这个区域，也是尼泊尔最发达的地区。南部平原亚热带地区，常年气候炎热，雨季降水量大，最高气温可超过 45℃，在这里可以看到亚热带甚至热带的动植物风景，著名的奇特旺国家公园就位于这一区域。

　　总之，由于海拔落差大，又处于喜马拉雅山脉的南坡、印度次大陆的北端，所以形成了尼泊尔独有的气候特点。在同一时间，当南部平原上酷热异常时，位于中部的首都加德满都和帕克拉谷地则是百花吐艳、春意盎然，而北部高山区却是雪花飞舞的寒冬，可谓一日可见四季风光（表 1-2）。

表 1-2　尼泊尔不同海拔区域年平均气温表　　　　　单位：℃

月份	平均雨量 /毫米	加德满都（Katmandu,海拔 1300 米）		奇旺（Chiwan,海拔 150 米）		博克拉（Pokhara,海拔 800 米）		久木桑（Jomoson,海拔 2650 米）		襄青市场（Namche Bazar, 海拔 3440 米）	
		最高	最低	最高	最低	最高	最低	最高	最低	最高	最低
1	16.8	19	1	23	8	19	6	11	−2	6	−2
2	26.6	20	4	27	11	22	8	12	1	6	1
3	31.4	24	7	33	17	27	14	16	2	8	2
4	62.8	27	11	37	20	31	17	20	4	11	4
5	69.2	29	15	38	22	32	19	23	7	14	7
6	285.6	29	19	34	24	31	22	25	13	15	13
7	318.6	28	20	33	25	30	22	25	14	16	14
8	360.0	28	20	32	24	29	21	25	14	16	14
9	365.0	27	18	32	24	28	20	23	11	15	11
10	63.3	26	13	31	19	27	15	13	5	11	6
11	13.1	23	7	27	14	24	11	15	1	8	1
12	3.8	20	2	24	8	20	8	13	−2	7	—

注：数据来源于 https://www.7nepal.com/about-nepal/nepal-climate.htm。

第三节　自然资源

一、土地资源

尼泊尔境内大部分属丘陵地带，南部是土壤肥沃的冲积平原，分布着茂密的森林和广阔的草原，也是尼泊尔重要的经济区。中部河谷区多小山，首都加德满都就坐落在加德满都河谷里。

尼泊尔是一个以农业为经济主体的国家，农业从古至今都是优质大产业，土地资源占有情况对其农业乃至整个国家经济的发展尤为重要。在土地资源利用方面，林区占 39%，耕地占 21%，潜在耕地占 7%，草地占 12%，水域占 3%，其他用地占 18%（图 1-3）。

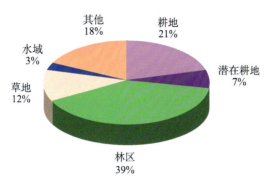

图 1-3 尼泊尔土地资源利用分布图

二、生物资源

尼泊尔多样的地理和气候特点，致使生物资源非常丰富。截至 2012 年，统计到尼泊尔境内共有 6500 多种植物、1000 多种野生动物和鸟类。

野生植物主要有：两裂狸藻、克里斯托弗狸藻、直立狸藻、多茎狸藻、分支狸藻、库蒙狸藻、攀梗狸藻、长距狸藻、圆叶狸藻、星形狸藻、黄花狸藻、绥草、红丝姜花、印度石莲花、版纳蝴蝶兰、桫椤、天麻、山苍树等。

野生动物主要有：短吻果蝠、大蹄蝠、噪鹛、鹊鸲、银耳相思鸟、红嘴相思鸟、亚洲象、普通猕猴、沙狐、藏狐、孟加拉狐、印度野牛、小灵猫、大灵猫、豹猫、渔猫、果子狸、泽蛙、长颈鹿锯锹形虫、黑眶蟾蜍、孟加拉巨蜥、食蟹獴、细嘴兀鹫、彩鹬等。

三、矿产资源

尼泊尔矿产资源总体贫乏。目前被发现和探明的矿藏种类很少，大部分矿种保有储藏量均不高，地矿业非优势产业，仅占国内生产总值（GDP）的 0.2%～0.5%，开采的矿产只能用来满足国内需要。

截至 2007 年，尼泊尔已发现金属矿藏有铁、铜、锌、铅、镍、钴、钼、金、钨、钛和银等，非金属矿藏有菱镁矿、石灰石、白云石、大理石、石榴石、云母、石墨、石英、陶土、磷矿、花岗石、硅岩、宝石等，能源矿产有石油、天然气、铀、地热和煤。探明具有开发价值的金属矿藏有铁、铜、锌、铅，非金属矿藏有菱镁矿、石灰石、白云石、花岗石、大理石和天然气。其中，铁矿储量约2305万吨，铜矿储量约1618万吨，铅矿储量约300万吨，锌矿储量约266万吨，菱镁矿储量约2亿吨，石灰石储量9.85亿吨，云母储量32万吨。

来源：中华人民共和国商务部网站（http://np.mofcom.gov.cn/article/ztdy/ddqy/200706/20070604810357.shtml?ad_check=1）。

四、水资源

尼泊尔的淡水资源占世界总量的2.27%，名列世界第二（表1-3）。数据显示，尼泊尔水资源极为丰富，多年平均径流量为2246亿立方米，全国拥有大小河流6000余条，总长度约为4.5万千米，大都发源于我国西藏喜马拉雅山脉，自北向南经印度汇入恒河流域。受季风气候的影响，尼泊尔河流的显著特点是水资源会随季节更替而发生较大变化，全年大约75%的流量发生在6—9月这4个月里，其中约25%的流量发生在8月。另外，尼泊尔地下水资源丰富，多分布在特莱地区和中部一些山区河谷。据估计，尼泊尔地下水的年径流量约为200亿立方米。其中，可更新地下水资源量约为120亿立方米。

尼泊尔用于经济和社会发展用水以农业生产、生活和水力发电为主，其中农业用水量最大，约占90%，生活用水次之。境内地势陡峭、海拔落差大，加上充足的雪山融水和丰沛的降水量，使其拥有巨大的水力发电潜力。水电将是尼泊尔重要的水资源开发利用模式，主要原因一是全国电网的覆盖率相对较低，二是政府将电力出口视为潜在收入来源。截至2013年，尼泊尔水能蕴藏量达8300万千瓦，约占世界水电蕴藏量的2.3%，2017年实现开发2230万千瓦的水电以满足预计电力需求（水力水电快报，2012）。截至2018年1月，尼泊尔已建电站73座（装机容量在0.1万千瓦以上），装机总量为99.55万千瓦，仅占技术经济可开发利用量的2%（樊彦芳 等，2018）。

部分信息来源：
◆ 第三届世界水论坛国家报告-尼泊尔；
◆ 北京环球印象《尼泊尔经济与商业投资环境及风险分析》。

表 1-3　尼泊尔各流域水资源概况

流域	流域总面积 / （10⁴ 千米²）	尼泊尔境内流域面积 / （10⁴ 千米²）	年平均流量 / （米³/ 秒）	年均径流量 / 亿米³
萨普塔柯西河	6.04	2.79	1409	450
甘达基河	3.50	3.15	1600	500
卡尔纳利河	4.37	4.11	1397	440
马哈卡里河	1.53	0.52	573	181
中等河流（5 条）	—	1.70	461	145
南部河流	—	2.32	1682	530
全国总计	—	14.59	7122	2246

注：数据来源于 Water and Energy Commission Secretariat,Nepal,National Warter Plan。

第四节　国民经济基本状况

截至 2019 年，世界银行数据显示，尼泊尔 GDP 为 306.41 亿美元（以 2019 年的美元价为计），人均 GDP 为 1071.05 美元，人均国民总收入（GNI）为 1090 美元。

虽然尼泊尔被列为经济贫穷国家，但其丰富的自然资源和农业资源提高了其整体国际生存能力。旅游业、电力行业、小型工业、建筑业、运输业和金融行业良好的表现为经济发展奠定了广泛的基础。

一、国民经济概况

【农业】截至 2019 年，尼泊尔年农业产值占 GDP 的 25% 左右。耕地面积为 325.1 万公顷，约占总面积的 18%，人均耕地面积 2.5 亩[①]，山多地少，耕地分布不均衡，40% 的耕地没有灌溉设施。主要种植稻谷、玉米、小麦等农作物，粮食自给率达 97%。经济作物主要有甘蔗、油料、烟草等。

【工业】尼泊尔工业基础弱，规模小，机械化水平低，发展慢。主要有制糖、

---
① 1 亩 ≈ 666.67 米²，下同。

纺织、皮革制鞋、食品加工、香烟和火柴、黄麻加工、砖瓦生产和塑料制品等，工业产值占国民生产总值（GNP）的20%左右，截至2011年，境内有11个工业区，吸纳企业420家。

【水电】在尼泊尔，水电一直是推动经济繁荣的战略利好。根据尼泊尔电力发展部数据，尼泊尔129个项目总发电能力已达到2150兆瓦。仅2013年，尼泊尔国家电网就新增710兆瓦电力。尼泊尔还有很多水电项目正在建设中，尼泊尔一直期待将其能源出口到邻国印度和孟加拉国，希望通过水电产业来加速经济增长，从而实现快速工业化和就业增长。数据显示，尼泊尔国内电力需求以每年10%的速度增长，这吸引了本地和外国投资者向该行业注入更多投资。同时，尼泊尔政府还计划到2022—2023年将人均用电量从目前不到200个单位增加到700个单位。考虑到其在创收方面的巨大潜力，几乎所有地方政府都将水电开发作为最高优先事项。

【旅游业】旅游业是尼泊尔的重要产业。尼泊尔地处喜马拉雅山南麓，徒步旅游和登山业发达。根据世界旅游协会的年度报告，该行业2018年为尼泊尔创造了2407亿尼泊尔卢比（约人民币140亿元）的收入，对GDP的贡献占近8%，涵盖与旅行及旅游业直接、间接相关的各行业，包括酒店、旅行社、航空公司、其他旅客运输服务（不含通勤）及游客相关的餐饮、休闲活动等。直接或间接地提供了超过105万个工作岗位。尼泊尔2018年入境游客人数首次突破了百万大关，入境赴尼泊尔旅游的主要为亚洲游客，其中以印度、中国游客居多，其次为西欧和北美游客。

【交通运输】尼泊尔交通运输以公路和航空为主。截至2016年，公路约29157千米，有各类机场56个，直升机停机坪约120个。除首都有一个国际机场外，其余为地区中心或小规模机场。全国有1家国营的尼泊尔航空公司、6家私营航空公司和1家私营直升飞机公司。国内主要城镇有班机通航。同中国、印度、巴基斯坦、泰国、孟加拉国、文莱、新加坡、阿拉伯联合酋长国、德国和英国等国家和地区通航。

【外贸】2018/2019财年（2018年7月16日至2019年7月15日）尼泊尔经济增速为7.1%，通胀为4.6%。进口增加13.9%，达到14185.4亿卢比；出口增加19.4%，达到971.1亿卢比；总贸易逆差扩大13.5%，达到13214.3亿卢比。

贸易逆差占其 GDP 的 38.1%。主要贸易伙伴有印度、中国、阿联酋、美国、印度尼西亚、瑞士、泰国、日本、法国和阿根廷。主要出口产品为羊毛地毯、成衣制品、纱线、钢铁制品、豆蔻、果汁、羊绒披肩和其他纺织品等。主要进口商品包括钢铁制品、成品油、车辆及配件、机械设备及配件、谷物、电子电气设备、电信设备及配件等。

部分信息来源：中国驻尼泊尔大使馆经济商务处。

二、国民经济基本结构

2017 年，尼泊尔 GDP 为 785.5 亿美元（以 2017 年的美元价为计），其中农业占总 GDP 的 27%，工业占 13.5%，服务业占 51.5%（详见表 1-4）。

表 1-4　尼泊尔国民经济信息

GDP（购买能力评价）（注：数据按 2017 年美元计）	$785.5 亿（2017 年）
	$730.7 亿（2016 年）
	$727.7 亿（2015 年）
GDP（外汇官价）	$240.7 亿（2016 年）
GDP 实际增长率	7.5%（2017 年）
	0.4%（2016 年）
	3.3%（2015 年）
GDP 人均（PPP）（注：以上数据按 2017 年度美元计）	$2700（2017 年）
	$2500（2016 年）
	$2600（2015 年）
国家总储蓄	占 GDP 的 42.1%（2017 年）
	占 GDP 的 40%（2016 年）
	占 GDP 的 44%（2015 年）
GDP 占比（按用途构成）	家庭消费：76.2%
	政府消费：11.7%
	固定资产投资：33.8%
	存货投资：10.5%
	商品和劳务输出：9.8%
	商品和劳务输入：-42%（2017 年）

GDP 占比（按领域构成）	农业：27%	
	工业：13.5%	
	服务业：51.5%（2017 年）	
贫困线以下人口占比	25.2%（2011 年）	
劳动力	1560 万	
	注：严重缺乏有技能的劳动力（2014 年）	
劳动力占比（按职业）	农业：69%	
	工业：12%	
	服务业：19%（2014 年）	
失业率	3.3%（2013 年）	
	2.7%（2008 年）	
年轻人失业率（15～24 岁）	总数：3.5%	
	男性：4.2%	
	女性：2.9%（2008 年）	
家庭收入和消费比（按百分比）	最低 10%：3.2%	
	最高 10%：29.5%（2011 年）	
家庭收入分配（基尼指数）	32.8（2010 年）	
	47.2（2008 年）	
预算	税收：$59.54 亿	
	支出：$59.74 亿（2017 年）	
税收和其他收入	占 GDP 的 24.7%（2016 财年）	
预算剩余或赤字	占 GDP 的 -0.1%（2016 财年）	
国债	占 GDP 的 27.3%（2016 年）	
	占 GDP 的 25.2%（2015 年）	
通货膨胀率消费价格	4.5%（2017 年）	
	9.9%（2016 年）	
中央银行贴现率	7%（2016 年 10 月 30 日）	
	7%（2015 年 10 月 30 日）	
商业银行优惠贷款利率	9%（2017 年 12 月 31 日）	
	8.9%（2016 年 12 月 31 日）	
狭义货币存量	$58.34 亿（2017 年 12 月 31 日）	
	$48.71 亿（2016 年 12 月 31 日）	

续表

广义货币存量	$271.2 亿（2017 年 12 月 31 日）
	$221.9 亿（2016 年 12 月 31 日）
国内信贷存量	$219.3 亿（2017 年 12 月 31 日）
	$179.8 亿（2016 年 12 月 31 日）
公开交易的市值	$140.3 亿（2016 年 4 月 30 日）
	$118.1 亿（2015 年 10 月 31 日）
	$95.74 亿（2014 年 10 月 31 日）
农产品工业	大米、玉米、小麦、甘蔗、麻类、块根类、奶类、水牛肉
产业	旅游、地毯、纺织，米、麻、糖、油料，烟草、水泥及预制产品
工业生产增长率	10.9%（2017 年）
收支平衡	-$8800 万（2017 年）
	$13.39 亿（2016 年）
出口	$8.187 亿（2017 年）
	$7.616 亿（2016 年）
出口商品	服装、无线电、地毯、纺织品、果汁等
出口国	印度（56.6%）、美国（11.5%）、土耳其（4%）（2016 年）
进口	$110.3 亿（2017 年）
	$87.57 亿（2016 年）
进口商品	成品油、机器和设备、黄金、电子产品、医药
进口国	印度（70.1%）、中国（10.3%）（2016 年）

第五节 人口与就业

一、人口增长

尼泊尔总人口数一直处于增长趋势（图1-4）。1960年总人口为1006万人，1980—1998年是尼泊尔国家人口增长较快的一个阶段，人口数量一直以2%～2.7%的速率增加。

据尼泊尔国家统计局公布的自2021年11月进行的全国人口普查初步数据显示，尼泊尔的人口已达到29192480人（最大城市加德满都人口总数为142.35万人，与2010年相比，增长了45.87万人）。其中，女性人口为14901169人，男性人口为14291311人；年均人口增长了0.93%，低于全球人口的平均增长率（根据世界银行的数据，全球人口年均增长率为1.01%）。人口密度为203.26人/千米^2，与2019年相比增加了3.69人/千米^2，相比2010年增加了14.82人/千米^2。

尼泊尔每10年进行一次全国人口普查，第一次人口普查是在1911年进行的，尼泊尔前10次普查人口总数及增长率见表1-5。

表1-5 尼泊尔1911—2016年人口普查人口总数及增长率表

统计年份	总人口数	年增长率/%
1911	5638749	—
1920	5573788	−0.13
1930	5532574	−0.07
1941	6283649	1.16
1952—1954	8256625	2.30
1961	9412966	1.65
1971	11555983	2.07
1981	15022839	2.66
1991	18491097	2.3
2001	23151423	2.36（估计值）
2016	28983280	1.68（估计平均值）

注：数据来源于尼泊尔中央统计局。

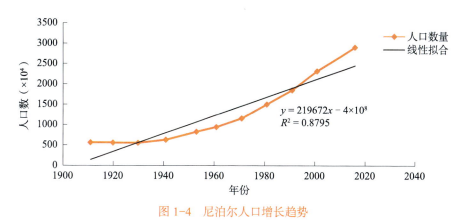

图 1-4　尼泊尔人口增长趋势

部分数据来源于中华人民共和国驻尼泊尔大使馆经济商务处（http://np.mofcom.gov.cn/article/）。

二、就业状况

在尼泊尔，就业年龄在 15 岁至 59 岁，主要从事农业、工业、贸易、建筑、服务业等多种经济活动。截至 2008 年，全国约 80% 的人从事农业生产，而约 85% 的耕地为地主和富农所有，绝大部分农民没有自己的土地，只能作为雇农和依靠地租生活，因此，农民就业不稳定（表 1-6）。

表 1-6　尼泊尔近年就业状况

序号	类别	比例 /%
1	就业人口	75.6（2021 年）
2	失业人口	4.44（2020 年）
3	非职业人口	19.9
4	农业人口	76.3
5	非农业人口	23.7

第二章

尼泊尔农业经济

农业是尼泊尔的经济命脉，也是全国第一大产业。2015 年，农业产值约占全国 GDP 的 34%（尼泊尔农业研究委员会，2016）。

第一节　农业基本情况

一、农业在国民经济中的地位

截至 2007 年，尼泊尔人口总数为 2534 万，其中农业人口约 2000 万，80% 以上的人口生产生活依赖于农业。全国山多地少，耕地分布不均衡，现有耕地面积为 309.1 万公顷，占农业土地总面积的 21%，人均耕地面积 1.83 亩（其中，平原人均耕地面积为 2.13 亩，山区人均耕地面积仅为 1.12 亩），草地面积占 12%（主要用于牧业）。

尼泊尔整个农业生产水平较低，基本上处于自给自足的自然经济状态。不考虑通货膨胀的情况下，农业在 GDP 中的贡献率持续下降（图 2-1），从

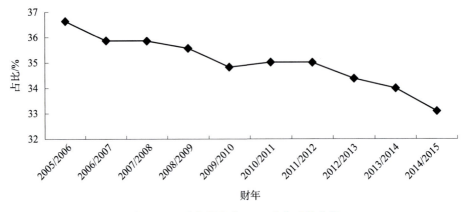

图 2-1　尼泊尔农业在 GDP 中占比的变化

2005/2006 财年（2005 年 7 月 16 日至 2006 年 7 月 15 日）的 36.8% 下降至 2014/2015 财年（2014 年 7 月 16 日至 2015 年 7 月 15 日）的 33%。截至 2021 年，尼泊尔总人口数为 2890 万，农业土地 1470 万公顷，占土地总面积的 28.7%。

二、农业生产力

尼泊尔国土总面积为 147181 平方千米。其中，北部高山区占地 51817 平方千米，中部丘陵地区占地 61345 平方千米，南部平原占地 34019 平方千米。

在土地利用方面，截至 2007 年，林区占 39%，熟地占 21%，潜在耕地占 7%，草地占 12%，水域占 3%，其他用地占 18%。

在农业、林业、畜牧业生产总值的构成方面（图 2-2），水果、香料业占 7.0%，林业占 8.1%，畜牧业占 25.7%，蔬菜业占 9.7%，粮食谷物占 49.5%。

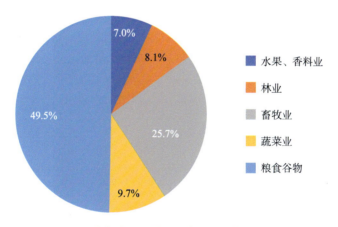

图 2-2　尼泊尔农业、林业、畜牧业生产总值的构成

部分数据来源于中华人民共和国驻尼泊尔大使馆经济商务处（http://np.mofcom.gov.cn/article/ztdy/zgqy/200701/20070104328754.shtml）。

三、农业公共投入

政府重视农业产业化发展，2013 年 3—12 月，尼泊尔对农业投资达 482.4 亿卢比（约 4.75 亿美元），投资涉及畜牧业、林业、渔业、茶叶种植及农业服务业等领域。其中对畜牧业投入资金最多，达到 141.5 亿卢比（约 1.39 亿美元）。

四、在世界农业中的地位

尼泊尔虽然是个以农业为主的国家，农业资源相对较丰富，但是，从农业的生产规模和生产水平来说还是相对欠发达，在世界农业中的地位和发挥的作用不突出。尼泊尔的水稻较出名，茶叶和咖啡等产业也有一定的优势。

第二节 农业外贸

尼泊尔 2014/2015 财年对外贸易总额为 8712.21 亿卢比（约 85.75 亿美元），同比上一年度增长 7%。

由图 2-3～图 2-5 可见，尼泊尔外贸处于贸易逆差状态，且呈上升趋势。在出口贸易中，农副产品（羊毛地毯、纱线、成衣、纺织品、果汁、豆蔻、羊毛绒披肩、麻布箱包及袋子）所占比例总和较大；在进口贸易中，主要集中在成品油和机械装备方面（机械及配件、车辆及配件、电子电气设备、电信设备及配件、飞机及配件等）。

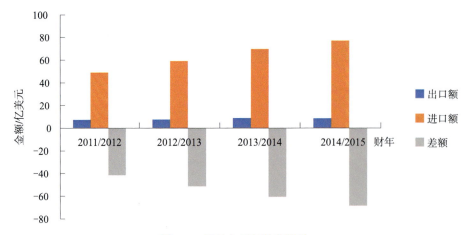

图 2-3　尼泊尔近年外贸统计

图 2-4 尼泊尔主要出口商品（单位：万美元） 图 2-5 尼泊尔主要进口商品（单位：万美元）

第三章
尼泊尔农业资源及其管理

　　尼泊尔复杂的地质历史以及多样化的地形地貌（图 3-1），造就了其丰富的生物多样性，成为全球生物多样性研究的热点区域。尼泊尔森林面积占国土总面积的近 40%，草地覆盖面积达 12%。良好的生态环境为动植物提供了理想的生存条件，并形成了丰富的生物资源及农业资源。境内生长着 6500 多种植物（其中 600 多种是特有植物）和 1000 多种野生动物，同时作物和畜禽遗传资源为当地的农业生产和人们的食品供给发挥了积极的作用。

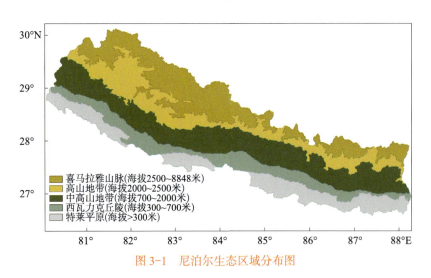

图 3-1　尼泊尔生态区域分布图

　　尼泊尔植物多样性占全球被子植物和植物多样性的 3.2%，这种生物多样性主要是由热带到高寒半沙漠的气候变化造成的。农业生物多样性的四个主要组成部分是植物和作物遗传资源、动物遗传资源、水遗传资源和相关遗传资源，每一种成分又分为驯化种、半驯化种、野生食用种和野生近缘种四个子成分。农业生物多样性对于尼泊尔迅速增长的人口实现粮食安全和减轻贫穷至关重要。本土（当地）物种资源是尼泊尔丰富的农业资源生物多样性的重要组成部分，也是未来农业发展的重要物质基础。

第一节　本土作物品种遗传资源

生物多样性使人类可获得食物种类的增加成为可能，遗传多样性也是物种抵抗气候变化和防御毁灭性灾害的安全因素。随着现代农业科技的发展，农业动植物品种不断向高产选育，本土品种或资源往往因低产而被忽视，从而在一定程度上造成了本土资源处于濒危或流失状态，导致遵循自然规律的生物资源多样性显著减少。

众所周知，人类目前的食物主要依赖少数作物。这些作物是由大自然、农民和科学家在数千年的时间里，以惊人的野生和驯化植物的多样性而产生的。全世界迄今 7000 多种可用于农业的物种中，只有 150 种在被广泛种植，这些有限的品种以及人们对粮食品种需求趋向单一的状况，对人类生活质量和生物多样性等都会产生不利影响。

尼泊尔科学家通过长期观察研究本土作物，归纳总结出了保护开发本土植物品种资源的重要性：

①本土品种在自然界中分布少，但具有很好的适应气候变化的能力；

②本土品种可以抵御一些昆虫和疾病的侵扰；

③本土植物具有某些明显的特征，可用于育种和培育理想新品种；

④大部分本土品种容易通过使用当地资源和投入种植；

⑤大部分本土品种的栽培和管理投入相对较少；

⑥本土品种水果在没有使用化肥和农药的情况下，一般被默认为有机生长；

⑦对本土品种水果、蔬菜和谷物的需求正在增加；

⑧农民可以很容易地保存本土作物种子，并用于下一次的种植；

⑨很多本土品种是人们身体所需（廉价而优质的）蛋白质、维生素、矿物质和碳水化合物的重要来源；

⑩一些本土品种在宗教、医药卫生等方面也有着非常重要的作用；

⑪ 所有本地品种，不管是从食品营养还是食品安全的角度，都非常重要。

部分数据来源于中国生物多样性保护与绿色发展基金会（2022 年）。

第二节　主要本土作物遗传资源

尼泊尔的蔬菜、水果、观赏和野生植物种类具有丰富的遗传多样性。据Shrestha（1998）报道，尼泊尔占世界陆地面积的0.1%，却拥有世界上2%以上的自然开花植物和4%的脊椎动物物种。据估计，尼泊尔生长着7000多种花卉植物，其中79%已经被尼泊尔戈达瓦里（Godawari）的国家植物标本室和植物实验室收集、鉴定和保存。

尼泊尔是多山的农业国，海拔60米（在Jhapa的Kechana Kalan，种植水稻）到海拔4700米（在Khumbu，Solukhumbu，种植马铃薯）的地段均有作物种植。在Jumla Chhumjul，水稻生长在海拔3050米的地方，是目前世界上海拔最高的水稻种植区（Upadhyay et al.，2003）。

农作物是人类驯化和栽培的植物品种，是农业植物遗传资源（APGRs）的重要组成部分，APGRs包括植物中所有具有食物和农业价值的物种。尼泊尔的国家基因库目前已将栽培作物、作物的野生近亲和野生可食用植物都认作农业植物遗传资源。同时，为促进尼泊尔保护和利用活动的经济重要性以及使用价值，对这些农业植物遗传资源进行了分组。

一、谷物资源

谷物是尼泊尔重要的粮食资源，是人们食物能量供给的主要保障。主要包括稻谷、玉米、小麦、小米、青稞以及荞麦等，大部分都作为人们的粮食，部分还作为家畜饲料。

1. 稻谷资源

尼泊尔具有丰富的稻谷资源，目前广泛种植的有11个品种。由于当地水稻产量和品质问题，很多品种处于濒危状态，已消失的资源就有17种（表3-1～表3-4，图3-2）。

表 3-1　尼泊尔本地主要稻谷品种

广泛种植的品种（本地名称）		濒危的地方品种（本地名称）		已消失的地方品种（本地名称）	
1	Jethobudho	1	Pakhe jhinuwa	1	Thimaha
2	Gurdi	2	Basaune jhinuwa	2	Tauli
3	Aanadi	3	Bayami	3	Darmali
4	Panhele	4	Panhele jhinuwa	4	Germani
5	Gauria	5	Marshi	5	Koili
6	Biramphool	6	Gudura	6	Budho thakale
7	Ramani	7	Bardani	7	Ghote
8	Mansara	8	Batti sara	8	Salidhan
9	Aanpjhutte	9	Pokhreli jhinuwa	9	Jhauri
10	Jerneli	10	Pagate jhinuwa	10	Thapachinia
11	Khaltekholo	11	Phante silange	11	Bhamgere
		12	Jhinuwa	12	Ramsali
		13	Seto jadan	13	Dhabe gauria
		14	Aachame	14	Rato jhauri
		15	Andheri panhelo	15	Phalyankote
		16	Kathe marshi	16	Zyagdikhola
		17	Kalo gurdi	17	Ekale pakhe
		18	Rato aanddi		
		19	Achhame masino		
		20	Sano madishe		
		21	Naltumme		
		22	Bamundraphinj		
		23	Gauria ramani		
		24	Gaudi khola		
		25	Anadi seto		
		26	Ekle		
		27	Madishe		
		28	Chuta		
		29	Naulo madishe		
		30	Bagarni		

续表

广泛种植的品种（本地名称）		濒危的地方品种（本地名称）		已消失的地方品种（本地名称）	
		31	Anadi		
		32	Aanga		
		33	Gorkhali		
		34	Dudhe marshi		
		35	Manamuri		
		36	Seto gurdi		
		37	Lamjunge		
		38	Bange jhinuwa		
		39	Juwari		
		40	Pakhe silanbt2		
		41	Kathe silange		
		42	Gola		
		43	Tunde		
		44	Tulsi		
		45	Masino		
		46	Thulo madishe		
		47	Khurc ramani		

表 3-2　种植在平原、内陆平原以及中高丘陵地区的独特水稻遗传资源

序号	品种（本地名称）	主要特征
1	Amaghauj	每节多小穗
2	Anati	节日大米 / 糯米 / 药用价值
3	Bhati, Silhat	深水大米
4	Chainon 2, Taichung 176	粳稻类型
5	Chhommrong dhan, Jumli marshi	耐寒大米
6	Ekle rice	抗缺锌
7	Gamadi, Sathi	圆锥花序在旗叶内成熟，早稻
8	Ghayia	旱稻
9	Gurdi	倒伏敏感

续表

序号	品种（本地名称）	主要特征
10	IR 8, Jaya	印度类型
11	Jarneli, Kathe Gurdi	耐旱、稳产
12	Jhinuwa	食用价值好
13	Kalanimak	敏感
14	Khera	优先品种
15	Lalka basmati	娱乐用途较多
16	Mansara, Mutmur, Anga	适宜边缘地
17	Nal tumme	喜阴
18	Nakhisaro, Sathi, Laltenger	抗虫害
19	Pahele	富含维生素 A
20	Pakhe Masino, Radha-4, Taichung, Lahure Sahila, Gori Sahila, Makar Kandhu	冷季大米
21	Parwanipur 1	截根苗作物
22	Samundaphinj	沼泽稻
23	Sokan dhan, Bageri	抗 BBa 和 GLH
24	Wild rice	多年生种

注：资料来源于（Upadhyay et al., 2003）。

图 3-2　尼泊尔本土水稻资源多样性

表 3-3　尼泊尔本土部分重要的芳香型水稻资源

序号	本地名称	种植区域	海拔范围 /m
1	Achhame masino	奇特旺	200～800
2	Kalo nimak	奇特旺、鲁潘德希、呐瓦罗帕喇希、巴迪亚	100～400
3	Jogini	奇特旺	200
4	Tulsi Prasad	呐瓦罗帕喇希	200～1400
5	Basmati	12 个地区	200～800
6	Mahabhog	凯拉利、达丁、拉苏瓦	200～600
7	Hans Raj	达尔楚拉、巴江	600～1100
8	Pran piuli	瑟利亚纳	1200～1400
9	Jhinuwa	巴隆、帕巴特、卡斯基、鲜迦	400～800
10	Pahenli	辛德哈帕克洛、伊拉姆、卡斯基、戈尔卡、蓝琼、帕罗帕、巴迪亚	600～800
11	Jetho budho	卡斯基	
12	Pokhreli masino	索鲁孔布、桑库瓦萨巴	600～800
13	Kariya kamod	萨普塔里、莫让、达努萨	200～1400
14	Gauria	苗地、桑库瓦萨巴	<200
15	Kasturi	帕萨	800～1400
16	Tulsi Prasad	帕萨、达努萨	< 200
17	Jirasari	潘奇塔尔	< 200
18	Ram Tulsi	潘奇塔尔	400～600
19	Biramphool	莫让、卡斯基	400～600
20	Rajbhog	凯拉利	<200
21	Chirakhe	丹库塔	< 1800

表 3-4　野生水稻和野生亲本稻及其在尼泊尔的分布

序号	本地名称	野生 / 野生亲本	分布区域
1	Naboghans，Anga	*Oryza rufipogon* Griff. *(Oryza perennis* Moench)	班克、迦毗罗伐斯堵、凯拉利、堪钱布尔、苏尔凯德、卡斯基、帕罗帕、鲁潘德希县、达恩

序号	本地名称	野生 / 野生亲本	分布区域
2	Bandhan，Jangalidhan，Sitarani dhan	*Oryza granulata* Nees et Arn. ex Watt	奇特旺、贾帕、伊拉姆、马克万普尔
3	Navo，Thima，Jara	*Oryza sativa* f. *spontanea* Roshev.	鲁潘德希、迦毗罗伐斯堵、班克、巴迪亚、堪钱布尔、蓝琼

2. 玉米资源

玉米是尼泊尔最古老的作物之一，也是当地丰富的作物资源和人们重要的食物来源。一方面迫切需要提高玉米产量，另一方面又需要提升品质，因此，玉米资源的多样性成为保障其玉米育种和生产的重要基础（表 3-5）。

表 3-5 生长于丘陵地带的玉米当地品种

地区	品种（本地名称）	优点	缺点	利用率	趋势
东部中山区	Seto Chepti（白色）	粗磨粉味美、高产、高出米率	高株、易倒伏，不适合烘焙或爆花	高	稳定
	Pahelo（黄色）	烘焙或爆花味道好，可晚播	粗粉做饭味道或观感不好，一般产量低	低	减少
	Kalo（黑色）	烘焙或爆花味道好，适合晚播（小麦后）	粗粉做饭观感差，产量低	中	稳定
	Kukhure（杂色）	适合早播或晚播，烘焙或爆花味道好	产量低，早期易被野生动物毁坏	低	稳定
中部和西部中山区	Local Pahelo（黄色）	抗旱，牲畜的好饲料，早熟	棒、粒小，低产，味道不好，由于象鼻虫造成的损失大	高	减少
	Seto Chepte（白色）	早熟、味美、易磨	粗粉出粉率低，倒伏	低	减少
	Murali（黄色）	适合烘焙或爆花	粒小、低产，不适合粗磨粉	很低	减少
中西部和远西部中丘陵区	Thulo（大白）	高产，面粉回收率高，味道好	需有机肥或对化肥要求高，倒伏，比 Nano 晚熟	中	稳定
	Nano（小白）	早熟（食品短缺时间），易磨粉、味道好	粒小、低产，出粉率低	高	稳定

续表

地区	品种 （本地名称）	优点	缺点	利用率	趋势
	Maradi （黄色）	适合爆花	产量很低	很低	减少
高山区	Thulo Seto （大白）	产量高，适合做粥或面包	不适合当地做饮料，后期易遭野生动物毁坏	中	稳定
	Nano/Sano Seto （小白）	适宜高海拔，适合做粥或面包	不适合当地做饮料，低产	高	稳定
	Sherpa （大黄）	单棒粒数多、高产，出粉率高，味道好，适合高海拔红壤，产出更多动物饲料	易倒伏，不耐旱，不适合爆花	高	减少
	Sano Pahelo （小黄）	适合烘焙或爆花，适合中丘陵沙土区	产量低，抗旱弱	低	减少

3. 小麦资源

小麦是尼泊尔继水稻和玉米外的第三大作物，也是农业育种的重要领域，1960年至今共发布小麦新品种24个，很多育成品种的基础材料都是本地小麦资源，这些资源成为从平原到高山的独有分布（表3-6）。

表3-6 尼泊尔不同的小麦本土资源及其种植区域

序号	品种（本地名称）	区域	地点	海拔/米
1	Badi Gahun	Bajura （巴久拉）	Gadukhati-9	1768
2	Bangali Gahun	Kalikot （卡里科特）	Jubitha-7, Jubitha	1792
3	Bartole Gahun	Baitadi （拜德迪）	Patan	1372
4	Bhabri Gahun	Mugu （木古）	Srinagar-5, Chaina	1960
5	Bhagere Gahun	Baglung （巴隆）	Bhimpokhara	1565
6	Bhartole Gahun	Baitadi （拜德迪）	Gokuleswor-1, Kalchunde	720

续表

序号	品种（本地名称）	区域	地点	海拔/米
7	Bhote Gahun	Solukhumbu（索鲁孔布）	Salleri	2408
8	Bhugari	Bajura（巴久拉）	GahuAtichaul-1	1981
9	Bikase Gahun	Darchula（达尔楚拉）	Gokuleswor-3, Gokuleswor	750
10	Bikasi Seto Gahun	Sallyan（瑟利亚纳）	Dandagaon	1200
11	Bugoti	Bajura（巴久拉）	Dogdi-6	1829
12	Bungoli	Bajhang（巴江）	Kalukheti-8	1737
13	Chamdi Gahun	Bajura（巴久拉）	Gadukhati-9	1768
14	Dabde Gahun	Jumla（久姆拉）	Patrasi-7, Shelagarhigaon	2713
15	Dabdi Gahun	Dandeldhura（登代尔图拉）	Joishina	1585
16	Dabdikhane Gahun	Dandeldhura（登代尔图拉）	Matar Gaon	1814
17	DalkhaneGahun	Kalikot（卡里科特）	Mahadev-7, Sarkivada	1980
18	Dapche Gahun	Dandeldhura（登代尔图拉）	Bhel	1585
19	Daudi	Baitadi（拜德迪）	Patan	1372
20	Daudi Gahun	Baitadi（拜德迪）	Shidheswor-8, Amarkholi	2070
21	Dhaule Gahun	Baitadi（拜德迪）	Gokuleswor-1, Kalchunde	720
22	Dho	Mustang（木斯塘）	Kagbeni	2697
23	Dho/Gahun	Mustang（木斯塘）	Jharkot	3353

续表

序号	品种（本地名称）	区域	地点	海拔／米
24	Dhu	Mustang（木斯塘）	Khinga	3216
25	Dolkhe Gahun	Khotang（科塘）	Khalde	1402
26	Dudhe Murilo	Rukum（鲁孔）	Vulma	823
27	Gahun	Baglung（巴隆）	Dobira	1010
28	Gaile Gahun	Bajura（巴久拉）	Gadukhati-9	1768
29	Geru Gahun	Mugu（木古）	Pina-5, Balagaon	2035
30	Gharelu Gahun	Dandeldhura（登代尔图拉）	Manara	1158
31	Hansa Gahun	Myagdi（苗地）	Benibagar	792
32	Jhirke	Bajhang（巴江）	Majhigaon-8	1585
33	Jhuse Gahun	Sallyan（瑟利亚纳）	Dandagaon	1100
34	Jhuse Rato Gahun	Kalikot（卡里科特）	Mahadev-7, Sarkivada	1980
35	Keuma Gahun	Solukhumbu（索鲁孔布）	Chhulembu	2195
36	Lal GahunNagar-	Kanchanpur（堪钱布尔）	Mahendra 19	—
37	Lera Rato Gahu	Sallyan（瑟利亚纳）	Dandagaon	1200
38	Lere SetoGahun	Sallyan（瑟利亚纳）	Tharmare	1160
39	Local Gahun	Jumla（久姆拉）	Birat-9, Ludku	2390
40	LunthungGahun	Taplejung（塔普勒琼）	Lelep-5, Lunthum	1800

序号	品种（本地名称）	区域	地点	海拔/米
41	Mude Gahun	Dandeldhura（登代尔图拉）	Bhandare	1530
42	Mudlo Gahun	Baglung（巴隆）	Gitapatha	1094
43	Mudule Gahun	Arghakhanchi（阿迦堪奇）	Dhikura-2, Gairakot	1200
44	Mudulo Gahun	Myagdi（苗地）	Dhode	747
45	Murala Gahun	Rolpa（罗尔帕）	Khumil	1500
46	MuruloRato Gahun	Jajarkot（贾贾科特）	Gagane Khola	2775
47	Nano Gahun	Dandeldhura（登代尔图拉）	Ghatal	1768
48	Paude Gahun	Baitadi（拜德迪）	Vasling-3, Gwane	2040
49	Pawai	Bajura（巴久拉）	Kolti 科尔蒂	2000
50	Peta Gahun	Solukhumbu（索鲁孔布）	Chhulembu 丘伦布	2195
51	Rani Gahu	Bajhang（巴江）	Majhigaon-8 马吉贡 -8	1585
52	Rato Gahun	Jajarkot（贾贾科特）	Risang 里桑	2850
53	Ratonal	Baitadi（拜德迪）	Patan	1372
54	Ratonale	Baitadi（拜德迪）	Patan-1	1372
55	Rupali Gahun	Dandeldhura 登代尔图拉	Amargadhi-2, Dotighatal	1750
56	Sano Gahun	—	Suda	—
57	Sate Gahun	Taplejung（塔普勒琼）	Nankholyang-5, Myakha	900

序号	品种（本地名称）	区域	地点	海拔／米
58	Seto Gahun	Rukum（鲁孔）	Khara	—
59	Talak Gahu	—	Mahendra Nagar	—
60	Tari Gaire	Bajura（巴久拉）	Gadukhati-9	1768
61	Those Gahun	Bajura（巴久拉）	Gadukhati-9	1768
62	Thulo Ghumche	Jajarkot（贾贾科特）	Danda Gaon	2750

注：资料来源于（Gupta et al.，2000）。

4. 小米资源

自 1972 年联合共党（HCRP）建立以来，在尼泊尔新增指形小米的形态特征方面做了大量工作。近年来，在库马尔塔根据农业形态特征对收集和保存于国家农业研究中心（NAGRC）的 537 个新种进行研究发现，尼泊尔小米品种有高度多样性如图 3-3 所示（Krishna Prasad Paudel 提供）。同时，从 NAGRC 收集到的 50 个指形小米品种在奇旺的兰普尔研究了其形态（农艺特征），并在收集品种中表现出显著的表型差异。品种内自然变化对于尼泊尔不同农业气候地区品种的选择和开发非常重要（由于其有限的资源，人为地创造多样性，既单调乏味又显得困难）。2015 年，NAGRC 还对 44 个普罗索小米和狐尾小米进行了研究（表 3-7 和表 3-8，图 3-3）。

表 3-7　保存在库马尔塔 NAGRC 的指形小米本土品种特征

序号	基于指形形状／特征／大小	指形大小／生长季节／生长时期	其他特征
1	Batule	Aghaute	Bhainsi
2	Chhatre	Asare	Bhanchu
3	Chulthe	Asoje	Wa
4	Chyalthe	Chaumase	Dhaule
5	Dalle	Kattike	Dudhe

序号	基于指形形状/特征/大小	指形大小/生长季节/生长时期	其他特征
6	Jhope	Lekali	Jhyaure
7	Jhyape	Pachhaute	Jwain
8	Lampate	Paundure	Kalo
9	Lopre	Sano	Maduwa
10	Lurke	Temase	Nangkatuwa
11	Matyangre	Thulo	Pahenlo
12	Mudke	—	Rato
13	Nangre	—	Samdhi
14	Tauk	—	Seto

表 3-8　独特及濒危小米品种

序号	作物	本地名称	区域	独特性/濒危	特征
1	Finger Millet（指形小米）	Paundur kodo	整个低山区、河流盆地	特有	适应春耕，耐旱，药用价值
2	Finger Millet（指形小米）	Samdhi kodo	山区	特有	白色种子，受欢迎
3	Proso Millet（普罗索小米）	Rato chino	卡纳利地区	特有	药用价值，食用质量好，耐旱性
4	Foxtail Millet（狐尾小米）	Kalokaguno	洪拉	特有	黑色粒，有药用价值，耐旱性
5	Foxtail Millet（狐尾小米）	Maalkaguno	戈尔卡，蓝琼	特有，濒危	可用作优质粥，有药用价值，适于哺乳动物，对乳房炎有效
6	Kodo millet（科多小米）	Dhankodo	蓝琼，Tanahun，达丁	特有，濒危	小椭圆形种子与闪亮的棕色
7	Barn yard millet（谷仓小米）	Sama	戈尔卡	濒危	耐旱，加工难度大

指形粟穗子多样性   指形粟籽粒多样性

普罗索粟中的谷物多样性   狐尾粟谷物多样性

卡洛·卡古诺/狐尾粟   塞托·卡古诺/狐尾粟   高粱/大小米/朱洛

谷仓粟/萨马   谷仓粟/萨马   普罗索粟/奇诺

图 3-3 多样化的尼泊尔小米粟品种

（由 Krishna Prasad Paudel 提供）

5. 谷类品种（表 3-9）

表 3-9 重要的谷类本土品种及其利用

英语名称	尼泊尔语名称	拉丁语名称	利用情况	保护实践	备注
Amamrnth（苋菜）	Latte	*Amaranthus* spp.	叶菜、布丁以及爆米花	菜园种植，非商业规模	3 个品种为 Rato Marse、Ladi marse 和 Suntale latte，具有高营养
Buckwheat（荞麦）	Mithe Phaper Tite Phaper	*Fagopyrum esculentum* Moench，*Fagopyrum tataricum*	面包、粥、面条等，谷粒作水稻，幼芽作蔬菜	菜园种植，开始在商业规模上增长，需求日增	Mithe 和 Tite Phaper 2 个品种，高蛋白且富含微量元素
Finger Millet（指形粟）	Kodo	*Eleusine coracana* Gaertn.	面包、粥等，秸秆用于饲料	在中低丘陵区商业生产	已发布 5 个品种 Dalle-1、Okhle-1、Kavre kodo-1、Kavre kodo-2 和 Sailung-1
Foxtail Millet（狐尾粟）	Kaguno	*Setaria italic* Beauv.	面包、大米布丁、饼干、米粉等	生长在中高丘陵区域	Seto kagunu 和 Kalo kagunu 2 个品种用于宗教用途
Proso Millet（黍稷）	Chino	*Panicum miliaceum* L.	面包、大米布丁、燕麦混合粥，蒸煮等	生长于中高丘陵区域	最常见用于宗教用途

6. 油料作物（表 3-10 和表 3-11）

表 3-10 本土油料作物品种

序号	俗称	当地名称	学名
1	Brown Sarson（褐色芸苔）	Brown Sarson	*Brassica rapa* subsp. *sarson* (Prain) Denford) Syn. *Brassica campestris* var. *sarson* (Prain)

续表

序号	俗称	当地名称	学名
2	Castor （蓖麻）	Adir	*Ricinus communis* L.
3	Ethiopian/Abyssinian mustard （埃塞俄比亚/阿比西尼亚芥末）	Karan rai	*Brassica carinata* A.Braun
4	Groundnut/peanut （花生）	Badam	*Arachis hypogaea* L.
5	Indian Mustard （印度芥末）	Rayo, rai, raichi, tora, barsale	*Brassica juncea* (L.) Czern.
6	Linseed （亚麻籽）	Aalas	*Linum usitatissimum* L.
7	Niger （皂角/油菊）	Ram Til, Jhuse Til, Filunge	*Guizotia abyssinica* (L.f.) Cass.
8	Rapeseed （油菜籽）	Tori	*Brassica rapa* subsp. *rapa Syn.* *Brassica campestris* var. *toria* Duthie & Fuller
9	Safflower （红花）	Kusum	*Carthamus tinctorius* L.
10	Sesame （芝麻）	Til	*Sesamum indicum* L.
11	Sunflower （向日葵）	Suryamukhi	*Helianthus annuus* L.
12	Swede rape （瑞典油菜）	Gobhi Sarson	*Brassica napus* L.
13	Yellow Sarson （黄芸薹）	Sarson	*Brassica rapa* ssp. *yellow sarson Syn. Brassica campestris* var. *yellow sarson*

表 3-11　油菜和芥末品种

序号	俗称	当地名称	学名
1	Mustard/Black mustard* （芥末 / 黑芥末）	Rai	*Brassica nigra* (L.) K.Koch
2	Mustard/Karan rai （芥末 / 卡兰菜）	Rai	*Brassica carinata* A.Braun
3	Mustard/Rayo （芥末 / 黏）	Rayo/Raichi/Thulo Tori	*Brassica juncea* (L.) Czern.
4	Rapeseed/Gobhi sarson （油菜 / 戈比嘿芸薹）	KauliTori	*Brassica napus* L.
5	Rapeseed/Brown sarson （油菜 / 褐色芸薹）	Tori	*Brassica rapa* L. ssp. *brown sarson*
6	Rapeseed/Toria （油菜 / 芸薹）	Tori	*Brassica rapa* L. ssp. *toria*
7	Rapeseed/Yellow sarson （油菜 / 黄芸薹）	Sarsyu	*Brassica rapa* L. ssp. *yellow sarson*

二、园艺资源

尼泊尔具有丰富的园艺资源。其中，经济类作物包括甘蔗、烟草、黄麻、棉花、马铃薯、芝麻、油菜籽、亚麻、花生等，高附加值农产品包括柑橘、苹果、蔬菜、蜂蜜、茶叶、蚕茧和咖啡等，同时还有豆类（黄豆、蚕豆、豌豆、绿豆、鹰嘴豆）和水果类（梨子、核桃、桃子、李子、柿子、柠檬、葡萄、石榴、芒果、香蕉、木瓜、荔枝、椰子）等其他作物。

1. 马铃薯和根块茎作物

Genebank（2016）报道了红薯的野生亲本 *Ipomoea cairica*（L.）甜薯。芋头属于单子叶天南星科芋属亚科，栽培的芋头被归类为乌梗芋，该物种被认为是多态性的。栽培的山药被归类为参薯（*Diascorea alata*），但野生山药被归类为黄独（*D. bulbifera*）、*D. versicolor*、三角叶薯蓣（*D. deltoidea*）和三叶薯蓣（*D. triphylla*）（Bhandari，2006）。同样，尼泊尔也有大象脚山药和木薯。尼泊尔主要的根和块茎作物种类见表 3-12 和表 3-13。

表 3-12 尼泊尔的根和块茎作物

序号	俗称	尼泊尔语名称	学名	
			栽培种	野生种
1	Cassava（木薯）	Simal tarul	*Manihot esculenta Crantz*	—
2	Elephantfoot yam（象脚山药）	Ole	*Amorphophallus paeoniifolius* (Dennst.) *Nicolson*	—
3	Potato（马铃薯）	Aalu	*Solanum tuberosum* L.	—
4	Sweet potato（红薯）	SakharK handa	*Ipomoea batatas* (L.)Lam.	*Ipomoea cairica* (L.) *Sweet*
5	Taro（芋头）	Pidaalu Karkalo	*Colocasia* ssp. *Xanthosoma* ssp.	—
6	Yam（山药）	Tarul	*Dioscorea alata* L.	*Dioscorea bulbifera* L., *Dioscorea versicolor*, *Dioscorea deltoidea* Wall. ex Griseb., *Dioscorea triphylla* L.

表 3-13 在政府农场收集和保存的根和块茎作物品种

芋头品种（本地名称）

1. Panchamukhe	2. Dudhe	3. Hattisude
4. Bameli	5. Rato khajur	6. Thado mukhe
7. Rato Vale	8. Khajure	9. Lahure
10. Sathmukhe	11. Hattipau	12. Vaisi Khutte

山药品种

1. Hattipaile	2. Seto Pangnam	3. Sarlahi Seto
4. Sarlahi Rato		

甘薯品种

1. Local Seto	2. CIP 440099	3. Pangnam Seto
4. Local Khairo	5. CIP 440020	6. Sarlahi Rato
7. Local Rato	8. CIP 440015	9. Sarlahi Seto
10. Japanese Sato	11. CIP 440513	

　　马铃薯是尼泊尔主要的块茎作物，种植面积约为 193997 公顷，单产约为 16

吨／公顷。全国共有 11 个改良品种和更多的地方品种（表 3-14），2020 年 7 月农场日期间，尼加勒农场共展出 52 个品种，当地马铃薯品种具有显著地域特征，可用于培育新品种。

芋头种植面积约 4211 公顷，单产约为 9.7 吨／公顷，仅次于马铃薯。红薯、山药和其他块茎作物在全国各地种植较少（图 3-4）。

表 3-14　在政府农场收集和保存的马铃薯作物品种

纯种马铃薯种质资源		
1. HPS 7/67	2. HPS I/13	3. HPS II/67
4. Serena		
改进的品种（本地名称）		
1. Janakdev	2. Dejire	3. IPY-8
4. Khumal rato	5. NPI-106	6. Khumal Ujjal
7. Cardinal	8. Khumal Laxmi	9. Khumal Upahar
10. Kufri Jyoti	11. Cardinal	
当地品种		
1. Sailung Seto	2. Mustang Local	3. Rozita
4. Kirne Rato	5. Jiri Chakre	6. Marma Local
7. Cot local	8. Sailung Nilo	9. Mira
10. Dandapakhar Seto	11. Lanthe	12. Jiri local
13. Melung Seto	14. Gajale	15. Khimti
16. Perikoli	17. Nigale seto	18. Nilprasad Rato
19. Tune Local	20. Thote kali	21. Bigu local

2. 小众水果资源

小众水果是在尼泊尔当地区域性的重要水果，是小面积种植并在成熟季节出售的水果。在尼泊尔暖温带地区零散种植的常见小众水果包括桃、李子、柿子、梨和杏。一些柑橘类水果，如柚子、西柚、金橘、尼布瓦（Nibuwa）、查克西（Chaaksi）等，生长在尼泊尔中山有限的几个地区。栲树（Katus，当地栗子）在 10—11 月从森林中采集，烘烤后在丘陵地区成为特别受欢迎的下午小吃，也

图 3-4　芋头与山药的不同品种

（由 Krishna Prasad Paudel 提供）

有一些改良的日本品种生长在国家的园艺农场。尼泊尔小众水果均有自己的植物学名（表 3-15 和图 3-5）。

表 3-15 尼泊尔不同类型原生的小众水果

序号	英语名称	尼泊尔语名称	拉丁语名称	用途	保护措施	备注
1	—	Ainselu	*Rubus ellipticus* Sm. Rubus *obcordatus* (France h.) *Thuan*	鲜果，人或鸟食用	森林、台塬和休闲地	经过适当维护可用作生物围栏
2	—	Angeri，Kali chulesi or kali Angeri	*Osbeckia nepalensis* Hook. f.	水果，茎、叶用于做饲草	森林，台塬和休闲地	抗氧化剂及墨水
3	—	Archal	*Aporosa octandra* (Buch.-Ham. ex D. Don) *Vickery*	水果，茎用于做饲草	生长于高地、梯田	应予以保护
4	Date（枣）	Bayar	*Ziziphus jujuba* Mill.	干、鲜果	生长于森林中	可作为生物篱笆收获更多果实
5	Indian Jujube（印度枣）	Hade Bayar	*Ziziphus incurva* Roxb.	果实	生长于森林中	可作为生物篱笆收获更多果实
6	Snake Plant（虎皮兰）	Satibayar	*Rhus parviflora* Roxb.	果实	生长于森林中	可以用作生物围栏收获更多果实
7	Ficus sarmentosa（匍茎榕）	Ban timilo	*Ficus foveolata* (Wall. ex Miq.) Miq.	果实	生长于森林中	需要保护
8	Asiatic Barberry（亚洲小檗）	Chutro	*Berberis asiatica* Roxb. ex DC. Berberis sp.	果实	生长在海拔 2000～2500 米区域	适合用于酿葡萄酒
9	贯叶蓼	Ghumauro-Kanda	*Polygonum perfoliatum* L.	果实	生长于森林中	需要保护
10	Chebulae Fructus（诃子）	Harro	*Terminalia chebula* Retz.	果实有很高的药用价值	生长于森林中及高地	商业化种植发展印度医药潜力
11	Malay Lac Tree（久树）	Kusum	*Schleichera oleosa* (Lour.) Oken	果实	野生	应被保护

续表

序号	英语名称	尼泊尔语名称	拉丁语名称	用途	保护措施	备注
12	Beleric Myrobalan（毗黎勒）	Barro	*Terminalia bellirica* (Gaertn.) Roxb.	果实可药用治疗胃功能紊乱和咳嗽	种植在高地	可以商业种植制药
13	Nutgall Tree（盐肤木）	Bhakiamilo	*Rhus javanica* L.	成熟果实当作开胃品	生长于林中	需要原位保护
14	—	Jamuna	*Syzygium cumini* (L.) Skeels	水果	生长于林中	果实用于医学目的
15	Apricot（杏树）	Khurpani	*Prunus armeniaca* L.	干鲜果	生长于庭院和果园	可扩大种植，丰富的抗氧化剂、矿质及维生素资源
16	Bassia（藏榄）	Chiuri	*Bassia/ Madhuca/ Diploknema butyracea* (Roxb.) H.J.Lam	果实鲜食或籽粒提取油脂	生长和保存于森林中	很高的商业种植潜力
17	Bay berry（毛杨梅）	Kafal	*Myrica esculenta* Buch.-Ham. ex D. Don	酥油	生长于森林中	可种植于休闲地
18	Chestnut（印度锥）	Katus	*Castanopsis hystrix* Hook. f. & Thomson ex A. DC., *Castanopsis indica* (Roxb. ex Lindl.) A.D.C., *Castanea Crenata* Siebold & Zucc.	果实（烤或焙等）	当地品种生长于森林中，一些日本品种和中国品种种植在园艺中心	种植面积可能扩大
19	Citron（香橼）	Bimiro	*Citrus medica* L.	鲜果用于蒂哈尔节	生长在住宅花园	需要保护

续表

序号	英语名称	尼泊尔语名称	拉丁语名称	用途	保护措施	备注
20	Coffee plum（罗旦梅）	Padel	*Flacourtia jangomas* (Lour.) Raeusch.	水果、叶子和嫩枝用于做饲料	生长于林中或贫瘠土壤	由于树基部刺大，农户选择清除灌丛，需要保护
21	Custard-apple, Sweetsop（番荔枝）	Seetaphal or Sarifaa	*Annona squamosal* L.	水果	生长在住宅花园或后院	可商业种植
22	common fig（无花果）	Nivaro	*Ficus carica* L.	水果，饲料	生长于山地	需要保护
23	Gooseberry（鹅莓）	Amala	*Phyllanthus Emblica* L., *Emblica officinalis* Gaertn.	果实为丰富的维生素源，可药用，亦用于做腌菜或糖果	可种植在森林或草地上	可商业种植
24	Grapefruit（西柚）	Sankhatro	*Citrus paradisi* Macfad.	水果	生长在住宅花园或果园	商业化潜力大
25	Guava（番石榴）	Amba, Belauti	*Psidium guajava* L.	水果，药用	当地品种生长于庭院，改良种在果园	有扩大现存产量的余地
26	Himalayan wild cherry（高盆樱桃）	Painyu	*Prunus cerasoides* Buch.-Ham. ex D. Don	水果	生长于林中	需要原地保护
27	Hog-plum（槟榔青）	Amaro	*Spondias pinnata* (L. f.) Kurz., *Spondias mangifera* Willd., *Spondias acuminata* Roxb.	水果，药用	生长于林中	需要保护

续表

序号	英语名称	尼泊尔语名称	拉丁语名称	用途	保护措施	备注
28	Jackfruit（菠萝蜜）	Rukh katahar	*Artocarpus heterophyllus* Lam.	成熟果实	生长在住宅花园或后院	具有较好的市场前景
29	Kiwifruit（美味猕猴桃）	Thekifal	*Actinidia deliciosa* (A.Chev.) C.F.Liang & A.R.Ferguson	水果	一些品种已商业化种植	进一步扩大种植面积，以提高产量
30	Citrus japonica Kumquat（金柑）	Muntala	*Fortunella japonica* (Thunb.) Swingle	水果	用于庭院种植	作为比橘子晚熟的小树种，可用于商业种植
31	Lemon（柠檬）	Nibuwa	*Citrus limon* (L.) Osbeck	用于酿醋	生长于花园或后院	可用于商业饮品
32	Wild Strawberries（野草莓）	Bhuinkaphal	*Fragaria vesca* L.	水果	生长于高地农场	可用于覆盖植物
33	Loquat（枇杷）	Laukaat	*Eriobotrya Japonica* (Thunb.) Lindl.	成熟和未成熟果实	生长在庭院或果园	可进一步扩大种植空间，有商业化种植潜力
34	Monkey Jack（野菠萝蜜）	Badahar	*Artocarpus lakoocha* Roxb.	饲草、新柴和水果	生长于高地和草原	可种植于废弃的高地

续表

序号	英语名称	尼泊尔语名称	拉丁语名称	用途	保护措施	备注
35	Mulberry（桑）	Kimbu	*Morus alba* L.，*Morus nigra* L.，*Morus rubra* L.	水果、叶和枝可用于做饲料	生长于边际土地，可做饲草，可用于养蚕	作为养蚕饲料需要加强加工工艺和技术
36	Mulberry（吉隆桑）	Kimbu	*Morus alba* L.，*Morus serrata* Roxb.，*Morus indica* L.	果实成熟后食用，叶子可养蚕	生长于住宅花园或后院	可商业种植
37	Nepalese fire Thorn（尼泊尔火棘）	Ghangaroo	*Pyracantha crenulata* (Roxb. ex D.Don) M.Roem.	水果	野生	应予以保护
38	Nepalese hog Plum（尼泊尔猪李）	Lapsi	*Choerospondias axillaris* (Roxb.) B.L.Burtt & A.W.Hill	果实可用于做腌菜或糖果	生长于森林或住宅花园	可种在休闲地，一种丰富的维生素 C 来源
39	Peach（桃）	Aaru	*Prunus persica* L. Batsch	成熟果实	种植在后院或小果园	有商业种植空间
40	Pear（梨）	Naspati	*Pyrus pyrifolia* (Burm.f.) Nakai，*Pyrus communis* L.	水果	小规模商业种植	可在中山或高山区大规模种植
41	Persimmon（柿子）	Haluwabed	*Diospyros kaki* L.f.	由于味涩，当地品种不受欢迎，但完全成熟后味道好	种植于住宅花园	杜拉和特库是有前途的尼泊尔品种
42	Plum（李子）	Aaru bakhada	*Prunus domestica* L.	成熟果实	生长在果园	有商业种植潜力

续表

序号	英语名称	尼泊尔语名称	拉丁语名称	用途	保护措施	备注
43	Pummelo（柚子）	Bhogate	*Citrus maxima* (Burm.) Merr.	果实用于节日食用	生长于住宅花园	商业种植，改良品种用于鲜果或果汁
44	Rose apple（玫瑰香苹果）	Gulab-Jamun	*Syzygium jambos* (L.) Alston	水果	野生	需要保护和商业化
45	Sea-buckthorn（沙棘）	Dale chuk	*Hippophae rhamnoides* L.	果实可用于做果汁汽水、果酱、葡萄酒糖浆	长在高山地	商业潜力良好
46	Tamarind pulp（酸豆）	Emli	*Tamarindus indica* L.	果实用于做糖果和发酵剂	野生	需要保护，丰富的维生素来源
47	Wootop（胡桃）	Dante Okhar	*Juglans regia* L.	果实	保护于森林和私人土地上	有宗教重要性，不饱和脂肪酸丰富
48	Tree fig（鸡嗉子榕）	Khanayo	*Ficus semicordata* Buch.-Ham. ex Sm., *Ficus cunia* Buch.-Ham. ex Roxb.	成熟果实	高低农场	应予以保护
49	Wood apple（木苹果）	Bael	*Aegle marmelos* (L.) Correa	果实和叶子用于做宗教祭祀品和治疗胃病药物	可生于林中和一些住宅后院	可商业种植，改良品种用于做鲜果汁和加工

图 3-5　尼泊尔广泛种植和有贸易空间代表性的小众水果

（由 Krishna Prasad Paudel 提供）

在尼泊尔发现了一些猕猴桃的野生亲属，这是尼泊尔进口猕猴桃幼苗生产的根砧木来源，它们在非生物和生物胁迫管理中的作用尚未研究。尼泊尔有不同的优质本地原生小众水果（如核桃、西梅、梨、栗子、柠檬、无花果、橄榄等），这些水果在尼泊尔有很好的潜力。同时，尼泊尔也需要进口多种水果以满足大众的需求。

3. 野生水果

尼泊尔有很大数量的本土产野生水果没有得到研究，因而水果种质资源未得到充分利用。Ainselu（艾塞卢），通常被称为金色喜马拉雅树莓或黄色喜马拉雅树莓（图 3-6），生长在中国、印度和菲律宾。目前没有进行分子验证来研究这种亚洲荆棘灌木物种的起源和分布。有未经证实的报道，Ainselu（艾塞卢）根部的根瘤可以固氮，如果进一步研究证实了这一点，这种特性可以广泛用于开垦改良边缘化和退化的土地。

同样，生长在丛林中的水果 kafal、katus、jamun 和 kyamuna 等在为人们提供营养方面起着重要作用，尤其是对生活在中山以及高中山的贫困和边远地区人群。

图 3-6　尼泊尔当地人季节性采集的受欢迎的野生水果（由 Krishna Prasad Paudel 提供）

　　除了成熟的水果，这些植物是当地社区的主要饲料、烧火材料和木材来源。Lapsi 等水果为尼泊尔独有。加德满都、巴克塔普尔和卡夫雷的当地人用非常受欢迎的兰西水果制作糖果。Amala、lapsi 和罗望子糖做的糖果和泡菜在尼泊尔很受欢迎。小规模商业种植的 bael（贝尔）果汁被一些私营公司取名为 marmelous（名字来源于 bael 的拉丁名 *Aegle marmelos*），并瓶装销售。人们喝贝尔果汁主要是因为它有益健康。

　　粗皮柠檬是圆佛手柑和柠檬杂交的柑橘，其特征与蜜柑相似，是一种耐寒柑橘，可以长成大树，农民田里一般都有几种粗皮柠檬品种。

　　Kafal、kali angeri、tindu、bhalayo、padel、amaro、phalat、jamun、badahar、archal、local bayer（尼泊尔语名称）等是尼泊尔中山农村地区儿童最喜欢的水果。Chiuri tree（奇乌里树）原产于尼泊尔，主要生长在陡峭的山坡、峡谷和悬崖上，一般在海拔 400～1400 米的亚喜马拉雅地区，切邦社区从奇乌里水果种子中加工植物脂肪。

　　另一个具有高潜力的重要野生水果是 chutro，这是一个在尼泊尔有悠久历史的灌木，它是用于酿造高品质葡萄酒的水果，在国际市场上将有很大的潜力。

这些当地原生水果大部分处于野生状态，有些是人们为他们的特定消费而保存的。它们大多长成大树，这些乔木和灌木都缺乏修剪等管理。灌木通常作为生物围栏。它们可以生长在国家公园、植物园周围作为生态友好的围栏，还可以有效地保护开垦易侵蚀的丘陵，防止水土流失。

4. 未开发的野生水果

据报道，有许多热带和亚热带野生水果亲属有不止一个种类，它们是安诺娜、普梅洛、曼吉费拉、穆萨、艾格尔和鲁斯（萨蒂巴亚尔）[Annona、pummelo、mangifera、musa、aegle、rhus（satibayar）]。有学者清点了尼泊尔马卡瓦恩普尔、塔纳洪、当当、巴尔迪亚和凯拉利地区的野生食用水果作物，并记录了44种野生水果，其中包括蒲桃jambol（black jamun）、杨梅（kafal）、野生醋栗和无花果（表3-16和图3-7）。这些野生水果还未获得保护和系统性研究。

表3-16 尼泊尔未开发的热带和亚热带野生水果

序号	英语名称	尼泊尔语名称	学名	用途
1	Black plum/ Java plum /Jambol（乌墨）	Kalo Jamun	*Eugenia jambolana* Lam.	可食用果实
2	Bay berry（毛杨梅）	Kafal	*Myrica esculenta* Buch.-Ham.	新鲜食用水果
3	Wild gooseberries（野醋栗）	Amala	*Emblica officinalis* Gaertn.	新鲜和加工产品
4	Common Fig（无花果）	Nivaro, Anjir	*Ficus carica* L.	很少当作新鲜和干燥的水果
5	Sugar Apple（番荔枝）	Sarifa	*Annona squamosa* L.	新鲜和加工产品
6	Ficus（无花果）	Khanayo	*Ficus semicordata* Buch.	食用水果

续表

序号	英语名称	尼泊尔语名称	学名	用途
7	Asiatic Barberry（亚洲小檗）	Chutro	*Berberis asiatica* Roxb.	鲜果少用
8	Geylon oak（锡兰橡木）	Kusum	*Schleichera oleosa* (Lour.) Merr.	榨油
9	Bead plum（圆李）	Hade bayar	*Ziziphus incurva* Roxb.	新鲜食用水果
10	Nepali Sumac（尼泊尔盐皮木果）	Satibayar	*Rhus parviflora* Roxb.	新鲜食用水果
11	Grapefruit（葡萄柚）	Sankhatro	*Citrus paradisi* Macfad.	加工产品
12	Citron（香橼）	Bimiro	*Citrus medica* L.	宗教用途
13	Yellow Raspberry（椭圆悬钩子）	Pahelo Ainselu	*Rubus ellipticus* Sm.	新鲜食用水果
15	Wild Banana（小果野蕉）	Jangali Kera	*Musa acuminata* Colla	很少当作鲜果
16	Citrus maxima Pomelo（柚）	Bhogate	*Citrus grandis* (L.) Osbeck	新鲜食用水果
17	Diploknema butyracea（藏榄）	Chiuri	*Bassia butyracea* Roxb.	果实可食，籽可榨油

注：由 Krishna Prasad Paudel 提供。

鹅莓　　　　　　　　香橼　　　　　　　　木苹果

藜　　　　　　　　　野洋葱　　　　　　　鼠李

大蒜梨　　　　　　　荨麻　　　　　　　　尼泊尔竹

西洋菜　　　　　　　苋菜　　　　　　　　山悖木

图 3-7　尼泊尔一些半驯化的植物品种（由 Krishna Prasad Paudel 提供）

三、蔬菜资源

1. 蔬菜类（表 3-17）

表 3-17　尼泊尔不同种类的本地蔬菜品种列表

序号	英语名称	尼泊尔语名称	拉丁语名称	用途	保护措施	备注
1	Ivy Guard（藤菜）	Kunaru，Kardan，Kandru，Kandruk	*Coccinia grandis* L. Voigt	主要是绿色，嫩枝嫩叶当蔬菜	生长在贫瘠偏远地区	4 个商用品种，特莱地区市场良好
2	Water Spinach，Swamp Cabbage（蕹菜，空心菜）	Karmi/ Karmaiya，Kerunge/ Ramuwa	*Ipomoea aquatica* Forssk.	叶子、嫩茎当蔬菜	大多在特莱地区沼泽地	贫困、边缘区农民较好的营养来源
3	Hyacinth Bean（稨豆、扁豆、藕豆）	Simi,Hiude Simi，Baramase Simi	*Dolichos lablab* L.	绿色豆荚，咖喱，干豆当蔬菜	菜园和商业规模种植	适合较远的市场
4	Malabar Night Shade（冬寒菜）	Poi Sag，Pawai	*Basella rubra Basella alba* L.	叶子、枝条和红色嫩茎当蔬菜	被忽视但营养高	在特莱的塔鲁和拉杰班希
5	Cherry Pepper（五色椒）	Akabare，Dalle，Babbokshi	*Capsicum frutescence* L.	成熟、绿色的主要用作香料，成熟、红色的用来加工泡菜	菜园和商业种植	富含维生素 A 和 C；适合胃炎病人，多年生
6	Water Cress（豆瓣菜）	Khole/Sim Sag，Kanchi Sag	*Nasturtium officinale* L.	嫩枝、嫩茎和叶子当蔬菜	主要在潮湿地区	很好的药用价值，有营养，种植投入少
7	Poppy mallow（锦葵）	Lapha Sag，Bajarmukha	*Malva verticillate* L.	叶和茎当蔬菜	生长在贫瘠偏远地块	为特莱的穆斯林和 Rajbanshi 所用，营养价值高

序号	英语名称	尼泊尔语名称	拉丁语名称	用途	保护措施	备注
8	Edible Emetic Nut（可食番木鳖果实）	Pidar, Pedar, Perra	*Trewia nudiflora* L.	花和果实用于做泡菜或作为蔬菜	生长在森林中，现开始驯化种植	容易种植，多用于特莱区域的民族
9	Jerusalem Cherry（冬珊瑚）	Benhi,Tite Bhanta	*Solanum anguivi* Lam.	腌菜，蔬菜，味苦	生长在贫瘠偏远地，现在菜园有种植	药用价值，自然生长耐寒，是茄子和西红柿的很好的砧木
10	Air Potato（黄独薯蓣）	Githa,Rani Githa	*Dioscorea bulbifera* L.	腌菜，蔬菜，小吃	森林和菜园	饥荒时的好作物，自然生长耐寒，耐储藏
11	Yam（山药）	Tarul	*Dioscorea alata* L.	腌菜，蔬菜，小吃	多见于森林或菜园的围栏里	宗教价值，耐寒，饥荒时的好作物，耐储藏
12	Local Cauliflower（当地花椰菜）	Kalo Kauli, Local Kauli	*Brassica* spp.	叶子、花、主茎内柔软部分当蔬菜	保护于中部山丘地带	多年生，味美，有营养，宗教用品
13	Fitweed Culantro（刺芫荽）	Kande Dhaniya Barmeli Dhaniya Jungli Dhaniya	*Eryngium Foetidum* L.	多用于做腌菜，作为蔬菜或肉的调味品	林中多见，亦见于菜园	有药用价值，喜阴凉
14	Cassava（木薯）	Simal Tarul	*Manihot esculenta* Crantz.	地下根烹饪或蒸制后作为小吃	生长在贫瘠中山土地和特莱。高地是首选	碳水化合物丰富来源，抗病虫害，不错的增收来源
15	Tree Tomato Tamarillo（树番茄）	Rukh Golveda	*Cyphomandra Betacea* (Cav.)	用于做腌菜或当作蔬菜	生长于贫瘠土地或菜园角落土地	营养丰富，耐寒，可种植在干旱区，少病虫害侵袭，有药用价值

序号	英语名称	尼泊尔语名称	拉丁语名称	用途	保护措施	备注
16	Jimbur（瓦拉儿亚葱）	Dungdunge Sag	*Allium wallichii* Kunth.	用于做泡菜或作为蔬菜、香料	在湿润和沙壤土上生长好	可培肥土壤,有药用价值
17	Stinging nettele（荨麻）	Sisno	*Utrica dioica* L.	嫩叶、枝条或花作为蔬菜	可在中山附近和沟渠边	药用价值很高,富含养分,需求高,纤维可织布
18	Rosella, Sorrel（酢浆草）	Lalchan, belchan, Lakada	*Hibiscus sabdariffa* L.	叶片、嫩枝、果实和果实皮用于做腌菜和混合蔬菜	种植在主要作物附近,在地边或混作	有医用价值,种于中山或平原

尼泊尔国家基因库大约收集保存了 2137 种不同叶、果和豆类蔬菜和传统种子［有中期（15 年）和长期（100 年）］（表 3-18 和图 3-8）。

表 3-18　尼泊尔国家基因库保存的叶、果和豆类蔬菜的本地种质列表

序号	作物名称	学名	总数 / 种
1	Amaranths（苋菜）	*Amaranthus* sp.	64
2	Ashgourd（冬瓜）	*Benincasa cerifera* Savi	5
3	Bittergourd（苦瓜）	*Momordica charantia* L.	33
4	Bottlegourd（葫芦瓜）	*Lagenaria siceraria* (Molina) Standl.	22
5	Brinjal（茄子）	*Solanum esculentum* Dunal	34
6	Broadbean（蚕豆）	*Vicia faba* L.	60
7	Cauliflower（花椰菜）	*Brassica oleraceae* var. *botrytis* L.	6
8	Chilly（辣椒）	*Capsicum frutescens* L.	24
9	Clusterbean（瓜胶豆）	*Cyamopsis tetragonoloba* (L.) Taub.	1
10	Common field beans（普通豆）	*Phaseolus* sp.	482
11	（Cowpea）Vigna（豇豆）	*unguiculata* (L.) Walp.	139
12	Cucumber（黄瓜）	*Cucumis sativus* L.	152
13	Fenugreek（胡芦巴）	*Trigonella foenum-graecum* L.	9

续表

序号	作物名称	学名	总数/种
14	Gardencress（独行菜）	*Lepidium sativum* L.	2
15	Indian Mustard（印度芥末）	*Brassica juncea* (L.) Czern.	64
16	Okra（秋葵）	*Abelmoschus esculentus* (L.) Moench	92
17	Peas（豌豆）	*Pisum sativum* L.	184
18	Pumpkin（葫芦）	*Cucurbita moschata Duchesne*	50
19	Rape mustard（芥菜）	*Brassica campestris* var. *toria Duthie & Fuller*	266
20	Sarson（芜菁）	*Brassica campestris* var. *sarson Prain*	37
21	Snakegourd（蛇瓜）	*Trichosanthes anguina* L.	10
22	Soybean（大豆）	*Glycine max* (L.) Merr.	381
23	Spinach（菠菜）	*Spinacia oleracea* L.	1
24	Spongegourd（丝瓜）	*Luffa cylindrica* (L.) M.Roem.	54
25	Tomato（西红柿）	*Lycopersicon esculentum* Mill.	4
合计			2176

羽毛苋菜　　　　多刺苋菜　　　　狐尾苋菜　　　　绿苋菜　　　　血红苋菜

图 3-8　尼泊尔苋菜品种

2. 豆类（表 3-19）

表 3-19　尼泊尔栽培食用豆类品种及其野生亲属

序号	英语名称	当地名称	学名
1	Adzuki bean（赤豆）	Ratomas Maslahari	*Vigna angularis* (Willd.) Ohwi. & H. Ohashi
2	Bhatmashe（爪哇大豆）	Bhatmase	*Neonotonia wightii* (Graham ex Wight & Arn.) J.A.Lockey

续表

序号	英语名称	当地名称	学名
3	Blackgram（黑豆）	Mas	*Vigna mungo* (L.) *Hepper*
4	Broad bean（蚕豆）	Bakula（sano）	*Vicia faba* L.
5	Broad beans（wild）（野蚕豆）	Rahariya simi	*Vicia angustifolia* L.
6	Broad beans（wild）（野蚕豆）	Kutuli kosa	*Vicia rigidula Royle*
7	Chickpea（鹰嘴豆）	Chana	*Cicer arietinum* L.
8	Cluster bean（瓜胶豆）	Juppe simi	*Cyamopsis tetragonoloba* (L.) Taub.,syn. *Cyamopsis psoralioides* (Lam.) DC.
9	Cowpea（豇豆）	Bodi	*Vigna unguiculata* (L.) Walp.
10	Cowpea（豇豆）	Bodi	*Vigna unguiculata* var. *catjang* (Burm.f.) *Bertoni*
11	Cowpea（豇豆）	Bodi	*Vigna unguiculata* var. *unguiculata*
12	Fenugreek（胡芦巴）	Methi	*Trigonella foenum-graecum* L.
13	French bean，Common bean（四季豆，芸豆）	Ghui Simi, Dal simi, Asare simi	*Phaseolus vulgaris* L.
14	Grasspea（草香豌豆）	Khesari, Latara	*Lathyrus sativus* L.
15	Horsegram（硬皮豆）	Gahat	*Macrotyloma uniflorum* (Lam.) Verdc.
16	Jackbean（刀豆）	Khunde simi	*Canavalia ensiformis* (L.) DC.
17	Lablab bean（稨豆，扁豆，藊豆）	Tate simi	*Lablab purpureus* (L.) *Sweet*, syn. *Dolichos lablab* L.
18	Lathyrus pea（山黧豆）	Kerauful	*Lathyrus odoratus* L.
19	Lentil（扁豆）	Musuro	*Lens culinaris* subsp. *culinaris*
20	Lima bean，butter bean（利马豆）	Simi	*Phaseolus lunatus* L.
21	Mothbean（乌头叶菜豆）	Kulthi	*Vigna aconitifolius* (Jacq.) *Marechal*
22	Mungbean（绿豆）	Mugi	*Vigna radiata* (L.) R.Wilczek
23	Pea（豌豆）	Matar Kerau	*Pisum sativum* L.

续表

序号	英语名称	当地名称	学名
24	Pea（豌豆）	Sanu Kerau	*Pisum sativum subsp. arvense* (L.) Asch. & Graebn.
25	Pigeonpea（木豆）	Rahar	*Cajanus cajan* (L.) Millsp.
26	Ricebean（赤小豆）	Mashyang, Siltung	*Vigna umbellata* (Thunb.) Ohwi & H. Ohashi
27	Scarlet runner bean（红花菜豆）	Simi	*Phaseolus coccineus* L.
28	Soybean（黄豆）	Bhatmas	*Glycine max* (L.) Merr.
29	Sunhemp（柽麻）	Sanai, Chinchine	*Crotalaria juncea* L.
30	Swordbean（刀豆）	Tarbare simi	*Canavalia gladiata* (Jacq.) DC.
31	Tepary bean（宽叶菜豆）	Simi	*Phaseolus acutifolius* A.Gray
32	Velvet bean（绒毛豆）	Kause simi	*Mucuna pruriens* (L.) DC., syn. *Mucuna cochinchinense* (Lour.) A. Chev., syn. *Dolichos pruriens* L., syn. *Stizolobium pruriens* (L.) Medik
33	Velvet bean（绒毛豆）	Kause simi	*Mucuna macrocarpa* Wall., *Mucuna nigricans* (Lour.) Steud.
34	Vetch（野豌豆）	Aakata（Wildspecies）	*Vicia hirsuta* (L.) Gray
35	Vetch（野豌豆）	Kutuli kosa（Wild species）	*Vicia bakeri* Ali
36	Vetch（野豌豆）	Munmun（Wild species）	*Vicia tetrasperma* (L.) Moench
37	Vetch（野豌豆）	Kutuli kosa（Wild species）	*Vicia rigidula* Royle
38	Vetch（野豌豆）	Kutuli kosa（Wild species）	*Vicia tenufolia* Roth
39	Wild chickpea（野生鹰嘴豆）	Jungali chana	*Cicer microphyllum* Benth., *Cicer Jacquemontii* Jaub. & Spach
40	Wild Cowpea（野生豇豆）	Bodi	*Vigna nepalensis* Tateishi & Maxted

续表

序号	英语名称	当地名称	学名
41	Wild Fenugreek（野生胡芦巴）	Methijhar	*Trigonella emodii* Benth., *Trigonella gracilis* Benth., *Trigonella corniculata* (L.) L., *Trigonella pubescens* Baker
42	Wild pigeonpea（野木豆）	Jungali rahar	*Atylosia elongata* Benth., *Atylosia scarabaeoides* L. Benth., *Atylosia volubilis* (Blanco) Gamble, *Atylosia cajanifolia* Haines
43	Winged bean（龙豆、四角豆）	Pate simi	*Psophocarpus tetragonolobus* (L.) DC.
44	Yambean，Potato bean（地瓜）	Kesour,Misrikand	*Pachyrhizus erosus* (L.) Urb.
45	Yardlong bean（长豇豆）	Tane bodi	*Vigna unguiculata var. sesquipedalis* (L.) H.Ohashi
46	Zombi pea（野豇豆）	—	*Vigna vexillata* (L.) A.Rich.

四、香料资源

尼泊尔的农业气候在短空间距离内高度多样化，不同的微气候适合种植多种香料作物。据统计，有21种香料作物被驯化，但商业种植的很少，还有一小部分仅局限于在菜园或当地自然环境条件下生存（表3-20和图3-9）。

表3-20 尼泊尔原产地、庭院或商业种植的香料列表

序号	英语名称	尼泊尔语名称	学名	利用部分
1	Bishop's weed（羊角芹）	Jwano	*Trachyspermum ammi* (L.) Sprague	籽粒
2	Black cumin（黑色孜然）	HimaliJeera	*Buniumpersicum* (Boiss.) B.Fedtsch.	籽粒
3	Black pepper（黑胡椒）	Marich	*Piper nigrum* L.	果实
4	Caraway（葛缕子）	Himalisonf	*Carum carvi* L.	籽粒

序号	英语名称	尼泊尔语名称	学名	利用部分
5	Cardamom（L）（小豆蔻）	Alainchi	*Amomum subulatum* Roxb.	果实和籽粒
6	Chilly（辣椒）	Khursani	*Capsicum frutescens* L.	果实
7	Cinnamon（肉桂）	Dalchini	*Cinnamomumtamala* (Buch.-Ham.) T.Nees & Eberm.	叶子和皮
8	Coriander（香菜）	Dhaniya	*Coriandrum sativum* L.	叶子和籽
9	Cumin（蒔萝/孜然）	Jeera	*Cuminum cyminum* L.	籽
10	Fennel（茴香）	Sonf	*Foeniculum vulgare* Mill.	籽
11	Fenugreek（胡芦巴）	Methi	*Trigonella foenum-graecum* L.	籽
12	Garlic（大蒜）	Lasun	*Allium sativum* L.	鳞茎
13	Ginger（姜）	Aduwa	*Zingiber officinale*	茎
14	Jimbu（大蒜）	Jimbu	*Allium hypsistum* Stearn	叶子
15	Leek（韭葱）	Chhyapi	*Allium ampeloprasum* var. *porrum* (L.) J.Gay	叶子和鳞茎
16	Mint（薄荷）	Pudina	*Mentha spicata* L.	叶子
17	Nepal pepper（尼泊尔胡椒）	Timur	*Zanthoxylum armatum* DC.	果实
18	Onion（洋葱）	Pyaj	*Allium cepa* L.	鳞茎
19	Saffron（藏红花）	Kesar	*Crocus sativus* L.	花粉
20	Shallot（红葱）	Chyaapi	*Allium cepa* var. *aggregatum* G.Don	叶子和鳞茎
21	Turmeric（姜黄）	Besar	*Curcuma longa* L.	根状茎

生姜（块茎）　　生姜　　小豆蔻

小豆蔻籽　　葱　　胡芦巴

茴香　　茴香籽　　黑茴香

羊角芹　　小茴香　　小茴香籽

藏红花　　肉桂　　肉桂皮

图3-9　在尼泊尔种植的不同种类的香料作物（由 Krishna Prasad Paudel 提供）

第三节　主要本土畜禽遗传资源

随着畜牧业的发展，尼泊尔也和世界各国一样，养殖有现代世界很多畜禽良种，比如荷斯坦牛、西门塔尔牛、娟姗牛、布尔山羊、莎能山羊等外来良种，同时也有很丰富的当地品种。目前已注册当地品种或遗传资源有奶牛 7 种、水牛 3 种、山羊 4 种、绵羊 4 种、猪 3 种、鸡 3 种、马 1 种，同时还有牦牛分布。

一、水牛遗传资源

截至 2014 年，尼泊尔养殖水牛总头数达 518 万头，其中乳用水牛 135 万头，占水牛养殖总头数的 26%。主要水牛遗传资源有 Lime（莱姆）水牛、Parkote（帕科特）水牛、Gaddi（加迪）水牛等（图 3-10）。

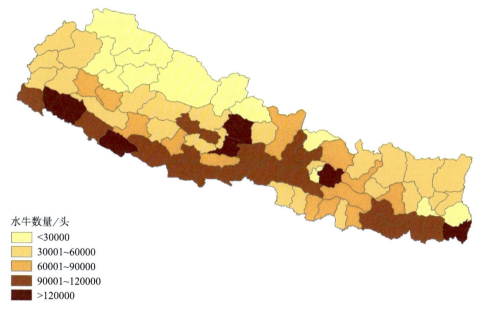

水牛数量/头
- <30000
- 30001~60000
- 60001~90000
- 90001~120000
- >120000

图 3-10　尼泊尔水牛数量及其分布图（图片来源于 NARC）

1. Lime 水牛

Lime（莱姆）水牛（图 3-11）分布在西部山区。纯种 Lime 水牛被认为起源于野生 Arna（Bubalusarni）牛，并在尼泊尔长时期历史进程中被驯化，主要是在该国海拔较高的山丘地带分布和养殖。据统计，Lime 水牛占该国丘陵和高山本土水牛总数的 35% 左右。从表型上看，Lime 水牛大多是浅棕色的，也有灰色的，体型相对较小，下巴以下和胸脯周围有灰色或白色毛发，腿部有灰色、棕色和白色斑点，小镰刀状的角向颈部弯曲；有的皮肤颜色呈灰褐色或黑色，无皱褶，眼眉呈灰、棕色或白色；也有的颈部和胸脯周围呈白色斑点。通过对 96 头成年母牛的测定，其平均体重为 399.1 千克，体高为 115.1 厘米，体长为 126.3 厘米，胸围为 168.4 厘米，头长为 44.7 厘米，头宽为 21.5 厘米，角基周长为 20.6 厘米，角长为 46.2 厘米，平均耳长为 20 厘米，尾长为 82 厘米。

图 3-11　Lime（莱姆）水牛（图片来源于 NARC）

2. Parkote 水牛

Parkote（帕科特）水牛（图 3-12）分布在尼泊尔西部山丘地带的帕罗帕区（Palpa district），是尼泊尔中部丘陵和河谷地区的典型水牛，在村庄的水塘中随处可见。但是由于当地一直有该品种水牛与 Lime 水牛、印度 Murrah（摩尔多瓦）水牛进行杂交以生产杂交种的习惯，致使纯种的 Parkote 水牛数量持续降低。目前，纯种的 Parkote 水牛数量估计仅占尼泊尔山区本土水牛数量的 25%。

从体型外貌上看，Parkote 水牛为中等体型大小，毛色呈黑色或深灰色，角型呈箭状，并向身体后弯曲。皮肤和肌肉呈深色，眼呈棕色，腿上一般没有斑点。通过对 88 头成年母牛的测定，Parkote 水牛平均体重为 409.9 千克，体高为 114.9 厘米，体长为 124.7 厘米，胸围为 170.5 厘米，头长为 44.6 厘米，额宽为 21.2 厘米，角基周长为 20.9 厘米，角长为 46 厘米。

图 3-12　Parkote（帕科特）水牛（图片来源于 NARC）

3. Gaddi 水牛

Gaddi（加迪）水牛（图 3-13）分布在尼泊尔西部山区。与其他地方品种水牛不同的是体格较大，耐粗饲，产奶量较高，性情温顺，易于饲养管理。Gaddi 水牛群体中 92% 的个体毛色为黑色，部分为棕色和浅棕色（约各占 4%）。脸长而扁平，角呈卷曲状、长而扁平，向脖子后弯曲。其突出特点是额头有较大的白色斑点，无肉锤和驼峰。腿短而结实，蹄较宽。尾巴长，尾毛过飞节，乳房紧凑，乳头呈圆柱形，位置相等。生长速度和生产性能优于其他地方品种水牛。平均体长为 141.2 ± 1.63 厘米，体高为 131.3 ± 1.1 厘米，胸围为 194.98 ± 1.8 厘米，髋高为 122.69 ± 1.07 厘米，这些指标明显地高于 Lime 和 Terai 水牛（$p < 0.01$）。Gaddi 水牛初配期、第一次产犊和产犊间隔的平均年龄分别为 3.8 岁、5.7 岁和 2.0 岁。日产奶量为 2.5～5.5 千克。

图 3-13　Gaddi（加迪）水牛（图片来源于 NARC）

二、黄牛和牦牛遗传资源

尼泊尔除了北部高海拔区域外都养殖有黄牛。2014年全国养殖黄牛总数达724万头，其中奶牛有102万头。目前养殖的品种除有荷斯坦、西门塔尔、娟姗牛等世界良种外，还有Lulu、Achhami、Siri、Hill cattle（*Kirko*）、Terai cattle（*Zebu*）、Chauris、Pahadi（*Bos indicus*）7个当地黄牛品种以及牦牛（*Bos grunniens*）（图3-14）。

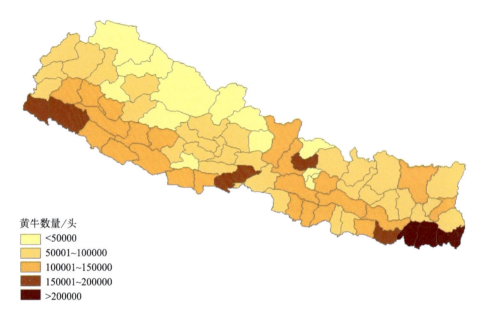

黄牛数量/头
- ☐ <50000
- ☐ 50001~100000
- ☐ 100001~150000
- ☐ 150001~200000
- ☐ >200000

图3-14 尼泊尔黄牛数量及其分布图（图片来源于NARC）

1. Lulu 牛

Lulu（露露）牛（图3-15）分布在木斯塘（Mustang）、多帕尔（Dolpa）和马南（Manang）等区域。成年牛的平均体重约为125千克。Lulu（露露）牛是尼泊尔7个当地品种中唯一没有驼峰的奶牛，具有较强的自然环境适应性和抗逆能力。

图3-15 Lulu（露露）牛（图片来源于NARC）

2. Achhami 牛

Achhami（阿查米）牛（图 3-16）分布在 Achham（阿克汉姆）、Bajhang（巴章）、Bajura（巴久拉）和 Doti（多蒂）等县，被称为世界上体型最小的奶牛品种，其平均体重约为 124 千克，体高在 1 米以下。

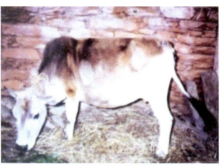

图 3-16　Achhami（阿查米）牛（图片来源于 NARC）

3. Siri 牛

Siri（西丽）牛（图 3-17）主要分布在尼泊尔东部的 Ilam（伊拉姆）、Panchathar 等丘陵地区，在印度也有分布。兼用型地方品种，被列为尼泊尔濒危物种，该品种成年奶牛平均体重达 286 千克。

图 3-17　Siri（西丽）牛（图片来源于 NARC）

4. Hill 黄牛

Hill（山地）黄牛在当地也被称为 kirko（柯克）牛，体型较小，体重约为 165 千克，一个泌乳期的平均产奶量为 370 升左右。Hill 黄牛主要用于耕地等农业劳作，其牛粪也是当地重要的肥料来源。

5. Terai 黄牛

Terai（特莱）牛（图 3-18）主要分布在尼泊尔南部地带，是印度的瘤牛和尼泊尔 Hill 黄牛杂交形成的杂交种，其体型比 Hill 牛大一些，同时产奶和役用性能也较好，平均体重约为 210 千克。

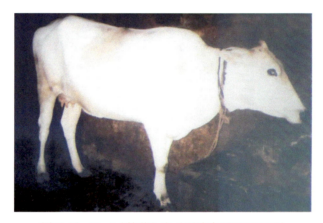

图 3-18　Terai（特莱）牛（图片来源于 NARC）

6. Pahadi 黄牛

Pahadi（帕哈迪）牛（图 3-19）是目前尼泊尔丘陵地带养殖的主要牛种，很适合在丘陵的梯田环境中生活，大部分呈黑色，适合凉爽的气候条件，役用性能非常好，也用于产奶，是尼泊尔主要的黄牛品种。

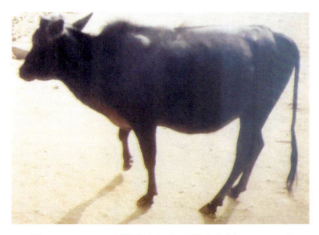

图 3-19　Pahadi（帕哈迪）牛（图片来源于 NARC）

7. 牦牛

牦牛（*Bos grunniens*）（图 3-20）
主要分布在尼泊尔高海拔区域，在
海拔 3000 米以下也有少量分布。尼
泊尔与中国西藏边境接壤的喜马拉
雅 22 个县都养殖有牦牛，共计 1.42
万户养殖牦牛，总数量约为 9.5 万头
（2001/2002 财年）。牦牛生有较长的

图 3-20　尼泊尔的牦牛（图片来源于 NARC）

被毛和尖的角。公牛平均体重约为 245 千克，母牛约为 215 千克，主要生产肉和
奶，同时阉割牦牛作为驼牛，可一次携带多达 120 千克的重物。

三、山羊遗传资源

尼泊尔人喜欢食山羊肉。据 2014 年统计，全国山羊存栏数为 1018 万只。
尼泊尔养殖山羊品种多样性丰富，有肉用的 Boer（波尔或布尔）山羊、奶用的
Salon（莎能）山羊，同时还有 4 个地方品种（图 3-21）。

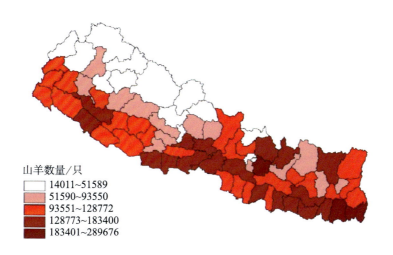

山羊数量/只
14011~51589
51590~93550
93551~128772
128773~183400
183401~289676

图 3-21　尼泊尔山羊数量及其分布图（图片来源于 NARC）

1. Chyangra 山羊

Chyangra（羌热）山羊（图 3-22）其名称为藏语直译，意为北方的山羊。

67

主要分布在尼泊尔喜马拉雅山区海拔 2400 米的区域，该品种山羊数量约占全国山羊总数的 6%，并在游牧状态下养殖。Chyangra 山羊角型呈螺旋盘绕弯刀型，长为 17～28 厘米。Chyangra 山羊被毛大多呈白色或黑色，脸上有白色条纹，也有灰色、棕色等颜色。被毛长可达膝处，毛质光滑，被毛下面生有一层细的绒毛，通常称帕什米纳或开什米尔

图 3-22　Chyangra（羌热）山羊
（图片来源于 NARC）

（Cashmere）。成年公羊和母羊的平均体重分别为 35～40 千克和 27～30 千克。母羊的平均体高约为 62 厘米。对这些山羊生殖参数的研究表明，该品种羊相对晚熟，一般在 2 岁左右初产，每年春季产羔，一年一产，一产单胎。

2. Sinhal 山羊

Sinhal（辛哈尔）山羊（图 3-23）是分布在尼泊尔喜马拉雅山区南部侧翼海拔 1500～3000 米区域的山地型山羊，该品种山羊数量约占全国山羊总数的 35%，是尼泊尔当地品种山羊中数量最多的。Sinhal 山羊毛色较杂，通常有黑色、浅棕色和白色等。成年公羊和母羊平均体重分别约为 42 千

图 3-23　Sinhal（辛哈尔）山羊
（图片来源于 NARC）

克和 35 千克，平均体高约为 67 厘米。公母均有角，平均角长约为 18.7 厘米。Sinhal 山羊也是晚熟品种，初产年龄约为 2 岁，一年一产，双羔率低。羔羊平均初生重约为 2.1 千克，周岁体重约为 18.5 千克。

3. Khari 山羊

Khari（卡里）山羊（图 3-24）广泛分布于尼泊尔丘陵山区，在 4 个当地品种中数量较多，约占当地山羊数量的 50%，并在不同的农业气候区养殖，主要为

肉用。Khari 山羊体型相对较小，体重为 20～40 千克，平均体高为 53～63 厘米。初产年龄 16 个月左右，产羔间隔为 9 个月，平均初生重约为 1.5 千克，公羔和母羔平均周岁体重分别约为 15 千克和 12.5 千克。在尼泊尔的不同地理位置（东部和西部）发现了 7 种颜色变体，黑色占主导，其次为棕色。对尼泊尔东部、中部和西部山羊的各身体部位测量结果进行聚类分析，确定了三种不同的地域类型品种。

图 3-24　Khari（卡里）山羊（图片来源于 NARC）

4. Terai 山羊

图 3-25　Terai（特莱）山羊
（图片来源于 NARC）

Terai（特莱）山羊（图 3-25）主要分布在尼泊尔的南部大部分平原（特莱平原），约占山羊总数的 9%，主要为肉用。Terai 山羊似乎是最近从 Jamunapari 和本地品种的种群中发展来的，在品种内表现出广泛的差异。Terai 山羊被毛颜色多样，有黑色、白色、棕色、棕色混合红色、黑色有白斑，灰颜被毛有黑色和白色耳朵的。该品种成年公羊平均体重为 30～35 千克，成年母羊为 18～32 千克。平均初产年龄为 15～16 个月龄，产羔间隔为 7～8 个月，羔羊平均初生体重约为 1.5 千克，公羊和母羊周岁体重分别约为 14.2 千克和 11.9 千克。特莱山羊和丘陵山羊在生产性方面较相似。

四、绵羊遗传资源

据 2014 年统计，尼泊尔绵羊约有 79 万只，分为毛用和肉用两种。高原和山地养殖的绵羊多为粗毛羊，其价值主要在于羊毛，用于加工生产地毯，但是目前尼泊尔羊毛生产能力十分有限，仅占整个南亚地区羊毛消费量的 0.3%，为满足地毯加工原料需求，每年要从我国西藏进口大量的地毯型羊毛。在平原区养殖的绵羊主要为肉用。

1. Bhyanglung 绵羊

Bhyanglung（*Capra ovis*）绵羊（图 3-26）分布在海拔 2500 米以上的高山区，属于粗毛羊，是尼泊尔生产羊毛地毯的唯一本地绵羊品种，常为农民在自己本地饲养，其数量占全国绵羊总数的 4%，目前数量正在减少，需要注重对该品种资源的保护。该品种羊表型和染色体水平特征明显，身体颜色大多是

图 3-26 Bhyanglung 绵羊（图片来源于 NARC）

白色的，头部有白色、棕色和黑色等颜色。成年 Bhyanglung 绵羊的平均体重约 26 千克，体长约 65 厘米，胸围约 76 厘米，体高约 60 厘米，平均耳长约 11 厘米，尾长约 13 厘米，但是角的长度在不同的区域存在明显的差异，从 Solukhumbu（索鲁坎布）至 Mustang（木斯塘）县该羊的角长在 19～35 厘米均有分布。

2. Baruwal 绵羊

Baruwal（*Capra ovis*）绵羊（图 3-27）是尼泊尔主要的绵羊品种，其数量占全国绵羊总数的 63%，主要集中在山区（41%）和丘陵地区（22%），由于数量较多，目前还不存在资源保护风险。该品种羊被毛颜色大多呈白色，但头部有黑色、白色等颜色，其羊毛适合制作编织毛毯、套头衫和披肩等。Baruwal 绵羊具有良好的放牧性能，适合迁徙或游牧系统。该品种通常还用来驮运东西，特别是在山区没有公路的地方，通常用 Baruwal 绵羊将货物从较低的地方运输到更高

的山上，每只羊能承载至少 8 千克的负重。成年 Baruwal 绵羊平均体重约 35 千克，体长约 70 厘米，体高约 65 厘米，胸围约 76 厘米，耳长约 7 厘米，尾长 13 厘米。公羊有弯曲的角，平均角长约为 51 厘米，但母羊多为无角。

图 3-27　Baruwal 绵羊（图片来源于 NARC）

3. Kage 绵羊

Kage（*Capra ovis*）绵羊（图 3-28）分布尼泊尔的较低至中丘（亚热带）区域，是一种耐寒短尾羊，也是尼泊尔国内体型最小的当地绵羊品种，占绵羊总数量的 21%，目前数量正在减少，因此，需要重视该资源品种的保护。Kage 绵羊主要用于生产羊毛，属于粗羊毛，羊毛主要用于编制毛毯。Kage 绵羊毛

图 3-28　Kage 绵羊（图片来源于 NARC）

色在身体上是白色，而头部大多是棕色的。公羊有角，角型呈镰刀状，而母羊无角。在本地绵羊品种中，Kage 绵羊体型虽小，但繁殖率较高（18% 为双胎）。成年公羊和母羊的平均体重分别约为 32 千克和 22 千克，平均体长约 62 厘米，胸围约 65 厘米，体高约 60 厘米。

4. Lampuchhre 绵羊

Lampuchhre（*Capra ovis*）绵羊（图 3-29）主要分布在尼泊尔的平原（热带和亚热带）地区，是一种由游牧牧民专门饲养在西部特莱平原地区的硬长尾羊品种，其数量占全国绵羊总数的 12%，但目前的数量呈下降趋势，因此，应关注该品种保护。

Lampuchhre 绵羊以肉用为主，被

图 3-29　Lampuchhre 绵羊（图片来源于 NARC）

毛大多呈黑白花（占总数的45%），其次是纯白色（占总数的30%）和其他混合颜色（占总数的25%）（Shrestha，1998），头部长有白色、棕色和黑色等斑点。Lampuchhre绵羊平均体重约30千克，体长约63厘米，体高约61厘米，胸围约71厘米，尾长约34厘米，耳朵短，约为12厘米。母羊无角，而公羊有弯曲角，平均角长约31厘米。

五、鸡遗传资源

由于鸡肉价格相对便宜，加之养殖成本较低，因此，尼泊尔农民自古就有养殖鸡的习惯，2014年养殖数量达到4808万羽，其中约80%为本地鸡，它们满足了该国70%～80%的家禽产品需求。然而，由于引进了高产鸡品种以及政府对资源库保护缺乏重视，尼泊尔本地鸡的遗传资源正在减少。

1. Sakini鸡

Sakini（沙基尼）鸡（图3-30）是尼泊尔的主要鸡种。属于肉蛋兼用，以肉质鲜美著称，外貌特征明显。全国各地均有养殖，数量多，从保护的角度来看不存在濒危风险。Sakini鸡体型小，羽毛颜色各不相同，环境适应性强，成年鸡平均体重1.5～2.0千克，产蛋量70～80枚/年。

图3-30　Sakini鸡（图片来源于NARC）

2. Ghanti Khuile鸡

Ghanti Khuile鸡（图3-31）在尼泊尔适宜养殖家禽的区域均有养殖，以肉质味美著称，数量不多，需要对该资源品种进行保护。Ghanti Khuile鸡适应性强，为肉蛋兼用型鸡，像有些鸟一样，其颈部羽毛少，羽毛颜色各不相同。成年公鸡平均体重约 1.6 千克，成年母鸡约 1.30 千克，产蛋量 60～80 枚/年。

3. Dumse 鸡

Dumse（*Puwank Ulte*）鸡（图 3-32）是一种典型的羽毛向外生长的鸡，为肉蛋兼用型鸡。它们有皱褶的羽毛。在尼泊尔全国各地发现的数量较少，需要对该品种进行保护。成年公鸡平均体重约 1.0 千克，成年母鸡约 0.9 千克。

图 3-31　Ghanti Khuile 鸡　　　　　图 3-32　Dumse 鸡
（图片来源于 NARC）　　　　　　（图片来源于 NARC）

六、猪遗传资源

据统计，2014 年尼泊尔养殖猪的总数为 119 万头，其中本地猪占总数的 58%，其余 42% 则是外来和改良品种。在 3 个主要的本土品种（即 Chwanche、Hurrah 和 Bampudke）中，虽然 Chwanche 的数量稳定，但 Hurrah 的数量正在下降，Bampudke 正面临灭绝的威胁（表 3-21）。

尼泊尔对生猪的改良方案主要侧重于引进外来种质，对本地猪资源的保护和可持续利用的关注较少。作为执行《全球动物遗传资源行动计划》的一部分，为促进和可持续利用本地猪遗传资源而进行的就地保护势在必行。

1. Chwanche 猪

Chwanche（*Sus domesticus*）猪（图 3-33）俗称"穷人的猪"，通常在山区以放牧为主，身体呈黑色，成年公猪和母猪平均体重约为 22.5 千克和 34.5 千克。

图 3-33　Chwanche 猪（图片来源于 NARC）

公猪和母猪的背脊长度（从头点到尾巴的底部）平均分别约为 98.5 厘米和 91 厘米，平均胸围约为 65 厘米和 81 厘米，平均体高约为 47 厘米和 44 厘米。初产年龄平均为 236 天，平均窝仔数为 6.3 头，分娩间隔为 5 个月。

2. Hurrah 猪

Hurrah（*Sus domesticus*）猪（图 3-34）是分布在平原地区的一种猪，也俗称"穷人的猪"，主要是放牧或散养，没有过多的补饲。该品种猪体完全呈灰黑色，身体前驱发育相对良好，后驱稍欠发育。据报告，成年公猪平均体重约为 50 千克，成年母猪约为 58 千克，初产年龄平均为 348 天，产仔数平均为 4.5 只，产仔间隔平均为 6.5 个月。

3. Bampudke 猪

Bampudke（班普克）猪（图 3-35）是世界上体型最小的猪种之一，其环境适应性非常强，早期它们既有野生的，也有家养的，但现在家养的很少了，并且面临灭绝，亟须得到保护。该品种成年猪体重约为 20 千克。

图 3-34　Hurrah 猪（图片来源于 NARC）

图 3-35　Bampudke 猪（图片来源于 NARC）

表 3-21　尼泊尔本地品种猪的主要体尺指标

指标	Hurrah 猪	Chwanche 猪	Bampudke 猪
体长 / 厘米	79.5 ± 1.75	75.9 ± 2.1	45.7 ± 3.3
胸围 / 厘米	87.7 ± 2.18	86.3 ± 3.37	51.8 ± 2.42
体高 / 厘米	61.1 ± 1.2	55.9 ± 1.84	39.6 ± 2.71

指标	Hurrah 猪	Chwanche 猪	Bampudke 猪
髋高/厘米	62.1 ± 1.07	54.6 ± 1.51	34.5 ± 2.94.
头长/厘米	29.2 ± 0.54	26.5 ± 0.7	25.8 ± 1.25
颈长/厘米	9.78 ± 0.37	7.6 ± 0.43	7.6 ± 0.43
耳长/厘米	13.2 ± 0.43	11.1 ± 0.46	14.5 ± 0.67
尾长/厘米	26.8 ± 0.8	25.3 ± 0.9	19.5 ± 0.63
成年体重/千克	45（40～55）	35（25～40）	20（18～25）

七、马遗传资源

在尼泊尔，已知本土血统的马品种有 Jumli、Chyanta、Tanghan、Terai、Tattu 和 Bhotia。由于尼泊尔国家的大部分地区都覆盖着高山和丘陵，因此，马通常用于运输、拉车、当坐骑等，也被用来协助徒步旅行或作为宠养动物。

作为一个发展中国家，从宗教的角度来看，养马在尼泊尔的某些地区被用于宗教活动也很常见。然而，由于缺乏科学的育种方案、品种保护不足和营养不良等限制，使得尼泊尔的马群明显减少。因此，有必要对这些本地马品种进行适当的研究，并出台相关的保护措施。

当地马品种中，最常见的是 Jumli 马，主要分布在 Jumla 县，是该区域重要的马种，其体型小而结实，鬃毛浓密，宽额眼大，背腰平直，臀部极其倾斜，尾巴低矮，蹄小而结实。Jumli 马是一种很好的驮运马，至今，在没有公路或难以到达地区马仍然被当作运输工具使用。

第四节 饲草资源

尼泊尔有丰富的饲草资源（图 3-36 和图 3-37），除了有薹草、狗尾草、羊茅草、牛筋草等本土优势品种以外，近年来还引进了许多外来牧草品种，特别是不同品种的燕麦草在尼泊尔研究和种植示范较多。

Banspate（芦苇或棕叶狗尾草）　　　　Mothe ghans （薹草）

Gaun ghans （沿阶草）　　　　Tharkhari （蓝羊茅）

Kode ghans （牛筋草）

图 3-36　尼泊尔中部丘陵地区有发展前途的本土牧草品种

Rye Grass Dhunche（多花黑麦草）

Oat Amritdhara（阿姆利则燕麦）

Berseem Green Gold（燕麦Bundale-851）

Oat Nandini（南迪尼燕麦）

Oat Ganesh（象鼻神燕麦）

Oat Parbati（帕尔巴蒂燕麦）

Oat-Swan（斯旺燕麦）

Cocksfoot-Rasuwa（鸭茅/鸡脚草）

Teosenti-sirsa（蜘蛛兰）

Berseem-Mescavi（金边扶芳藤）

Stylo-CIAT 184（银蒿）

Napier-CO3（银边草）

图 3-37　已登记注册的部分饲草品种

第五节　天然草地资源

2007 年尼泊尔全国草地总面积约为 257 万公顷，占全国土地总面积的 15%，其中分布在热带和亚热带区域的只占 4%（根据海拔不同，草地类型分为热带、亚热带、温带、亚高山、高山和禾本科草草原），约 79.83% 的草地分布在丘陵和高山地带。

尼泊尔热带和亚热带草原分布在特莱平原至低海拔边际（海拔为 1000～2000 米），温带草原分布在中部山区（海拔为 2000～3000 米），高山和亚高山草地分布在高海拔山区（海拔为 3000～5000 米），山区不同海拔区域都有禾本科草草原分布（表 3-22 和表 3-23）。

表 3-22 尼泊尔草地类型和分布

地形区域	草地总面积		可放牧草地面积		
	万公顷	占比／%	万公顷	占总面积比例／%	占可放牧草地面积比例／%
特莱（热带）	2.1	14.2	4.97	0.34	2.9
西瓦立克（亚热带）	1.9	12.8	2.06	0.14	1.2
中部丘陵（温带）	4.4	29.7	29.28	1.98	17.2
高山（亚高山）	2.9	19.6	50.71	3.44	29.8
喜马拉雅（高山）	3.5	23.7	83.15	5.64	48.9
总计	14.8	100.0	170.17	11.54	100.0

注：数据来源于尼泊尔土地资源测绘项目（1986 年）。

表 3-23 尼泊尔不同海拔区域的优势牧草品种

地点	海拔	俗名	学名	中文名	科	属	备注
Rasuwa（拉苏瓦）	4000～5000 米	Tangar	*Hemiphragma heterophyllum*	鞭打绣球	Plantaginaceae	Hemiphragma	
		Buki	*Andropogon gayanus*	须芒草	Poaceae	Andropogon	
		Pang	*Capillipedium assimile*		Poaceae	Capillipedium	
		Ramba Tigri	*Thysanolaena*	棕叶芦属	Poaceae	Thysanolaena	
		Rrambul					
		Chyam	*Clematis buchananiana*	毛木通	Ranunculaceae	Clematis	

续表

地点	海拔	俗名	学名	中文名	科	属	备注
Rasuwa（拉苏瓦）	3000~4000米	Buki	*Andropogon gayanus*	须芒草	Poaceae	Andropogon	
		Dolo Kane					
		White clover	*Trifolium repens*	白车轴草	Fabaceae	Trifolium	
		Numril					
		Marmindo		尾稃草属	Poaceae		入侵物种
		Kanbuchi					
	2000~3000米	Pang	*Capillipedium assimile*	硬秆子草	Poaceae	Capillipedium	
		Buki	*Buki*	须芒草	Andropogon gayanus	Poaceae	茅草属
		White clover	*Trifolium repens*	白车轴草	Fabaceae	Trifolium	
		Halhale	*Rumex crispus*	皱叶酸模	Polygonaceae	Rumex	
	4000~5000米	Karagana	*Caragana arborescens*	树锦鸡儿	Fabaceae	Caragana	
		Khampa					
		Gamber					甘巴
Mustang（木斯塘）	3000~4000米	Panchi	*Carex species*				
		Sunbuki	*Juncus thomsonii*	展苞灯心草	Juncaceae	Juncus	
		Kok Doma					
	4000~5000米	Charamba					名称不确定
		Ketlang					

续表

地点	海拔	俗名	学名	中文名	科	属	备注
Mustang（木斯塘）	2000~3000米	Kote					
		Banso	*Digitaria ciliaris*	升马唐	Poaceae	Digitaria	
		Ratnaulo	*Persicaria nepalensis*	尼泊尔蓼	Polygonaceae	Polygonum	
		Dhimja	*Cynodon dactylon*	狗牙根	Poaceae	Cynodon	也称 Dhimbja
		Panchi	*Pennisetum purpureum*	象草	Poaceae	Pennisetum	
	4000~5000米	Ratoganjo					
		Sunbuki	*Juncus thomsonii*	展苞灯心草	Juncaceae	Juncus	
		Changle					名称不确定
		Dubobuki					
		Ratoganjo					
Humla（胡姆拉）	3000~4000米	Buki	*Andropogon gayanus*	须芒草	Poaceae	Andropogon	
		Sunbuki	*Juncus thomsonii*	展苞灯心草	Juncaceae	Juncus	
		Ghodmicha					
		Dubobuki	*Cynodon dactylon*	狗牙根	Poaceae	Cynodon	
	2000~3000米	Ratnaulo	*Persicaria nepalensis*	尼泊尔蓼	Polygonaceae	Polygonum	
		Banso	*Digitaria ciliaris*	升马唐	Poaceae	Digitaria	
		Pirre	*Cymbopogon pendulus*	垂序香茅	Poaceae	Cymbopogon	
		Chemla	*Chrysopogon zizanioides*	香根草	Poaceae	Chrysopogon	

由于海拔、气候、土壤以及生态的不同，天然草地牧草品种多样化，即便在同一区域，本土牧草也会因海拔高度不同而呈现不同的品种。

在尼泊尔，过度放牧是影响草地生物量或产草量的最主要因素。只有高山草甸区域由于气候恶劣、人口较少，草地没有出现放牧超载的情况（表 3-24）。

表 3-24 尼泊尔不同草地类型草产量与载畜量

草地类型	面积/千米²	产量/（吨/公顷）	承载力/（牛单位/公顷）	载畜量/（LU/公顷）
亚热带及温带草原	6293	0.58	0.54	7.07
高山草甸	10141	1.54	1.42	0.64
草原	1875	0.06	0.09	1.19

第六节 自然资源管理

尼泊尔自然生态系统得到有效保护，归功于良好的资源生态管理体系。尼泊尔设有自然资源保护办公室，负责各区域的水资源、土地资源和林业资源的保护工作，并建立了一系列保护法规和政策，从政策体制上有效保证了自然资源管理。

一、自然资源保护法规

尼泊尔政府在国家资源管理和生态系统保护方面先后出台了一系列的法规，从制度上保障了自然资源的保护与管理。已经颁布的有《林业法》《土地法》《野生动物保护法》《水土保护法》等，提出了生物多样性保护、自然资源管理、水土资源管理等行动计划。2005 年发布了国家水资源战略计划（NWP）、水资源综合管理（IWRM），但因受机制体制和政治竞争的障碍，未能有效推进。与此同时，由于尼泊尔得到了国际非政府组织的大力支持，在环境保护、资源管理、水土保持以及防灾减灾等领域实施了一系列的科学研究和保护工程，使得生态得到有效保护。

二、自然资源管理方式

尼泊尔的自然资源保护管理有政府管理、国家宏观调控下的社区管理和以宗教文化为基础的民间自主管理三种模式（董世魁 等，2008）。

政府管理模式主要是通过开设国家公园和自然保护区的形式保护生态系统和珍稀物种。目前开设了14处国家公园和野生动物保护区，重点保护冰川、湿地、草甸、森林等生态系统。其中，有著名的奇特旺国家公园、郎唐国家公园、珠峰国家公园等。

国家宏观调控下的社区管理模式源于1976年国家林业计划的公众参与管理，也称社区林业参与式管理。这种参与式管理不仅使尼泊尔林业资源得到有效保护，同时极大地提高了群众的收益，并在全国各个地县得到推广。

以宗教文化为基础的民间自主管理模式基于尼泊尔多种宗教信仰混合、多元民族文化融合，形成朴素的自然保护观和良好的行为约束，保证了山地自然生态的有效保护和可持续发展。

以下是保护与管理行动计划，这些行动计划需要在地方、区域和国家各级启动，由全国妇女协会、农业和畜牧业发展部和非政府组织 APGRs 牵头开展。

①当地作物和品种的清单及品种的开发目录；

②稀有和独特品种的确定及潜在的可进行大规模生产的品种；

③从农民命名的作物中和品种之间以及给定作物的功能特征多样性方面绘制多样性图；

④组织当地作物多样性博览会；

⑤建立和维持多样性区块；

⑥向农民和当地社区分发稀有作物和品种的多样性包；

⑦建立农场保护村；

⑧为多样而丰富的解决方案的管理和推广，组织多元化实地学习；

⑨组织勘查和收集任务，以及制定保护方案；

⑩组织救援任务，在灾害期间和之后对稀有和濒危的品种进行救援；

⑪建立和维护不同类型的田间基因库（社区田间基因库、社区芒果园、学校田间基因库、区农业发展办公室（DADO）田间基因库、村级田间基因库）；

⑫ 建立当地作物和品种的特定作物公园；

⑬ 建立和加强社区种子库和地方种子网络；

⑭ 建立和加强家庭基因库（家庭种子库和家庭田间基因库）；

⑮ 根据当地品种的具体特征和价值，对地方品种进行定性和命名；

⑯ 启动品种提升和保护（LEC）计划；

⑰ 与有关利益攸关方合作，保护作物野生近亲和野生食用植物；

⑱ 建立干燥标本集、博物馆和相册；

⑲ 研究具有特定地理渊源和使用价值的品种，这些品种可以用作地理指标；

⑳ 开展重要品种所有权文件。

因获得农业植物遗传资源受到条件限制，导致粮食产量和食品营养不安全。过去，由于大量农业植物遗传资源从田间丢失，政府才建立了基因库。保护倡议虽然始于 1984 年，但尼泊尔功能基因库由国家农业研究中心（NAGRC）于2010 年才在库马尔塔尔建成，该中心具有良好的存储和管理设施。

只有 NAGRC 不足以保护多样化的农业生物多样性，所有相关利益方应团结合作，共同采取四大战略，如前位、原位、农场和保护性植物育种（进化植物育种、品种改良、品种混合、发展地域特异性品种等）。

应当采用保护性的低投入战略，以便尽量减少保护成本，创造有利的环境，使作物多样性能够与生物和非生物压力相互作用。利用被保护的 APGR 可忽略不计，因此，需要通过建立加入体系、促进利益攸关方之间育种前的交流来加快其利用。

尼泊尔相关部门提出，重要的遗传资源在不同的外国基因库中应该有安全复制品和安全的备份；国家农业生物多样性战略和行动计划（NAB-SAP）和国际条约-多边体系执行战略和行动计划（IMISAP）应通过制定长期、中期、短期行动计划以及战略目标来发展；应为每个区域制定农业植物遗传资源的地区情况，并定期启动农业植物遗传资源的图谱绘制和监测；应发起和加强对受威胁的、被忽视和未充分利用的农业植物遗传资源物种的农场保护；至少应有一年作为全国农业生物多样性年，每年应有一天作为国家农业生物多样性日，以促进国家保护农业植物遗传资源；NAGRC 的落成日可视为尼泊尔农业生物多样性日。

第四章

尼泊尔农业发展现状与趋势

尼泊尔山多地少，耕地分布不均衡，现有耕地面积约为 309.1 万公顷，占总面积的 18%，人均耕地面积约 2.5 亩。其中，平原人均耕地面积约 2.13 亩，山区人均耕地面积仅约 1.12 亩。草地面积占 15%，主要用于牧业。整个农业生产水平还十分低下，总体上处于自给自足的自然经济状态。

第一节 农业生产结构与布局

一、农业生产结构

在尼泊尔农业生产中，粮食作物的生产占 37%，其他作物的生产占 10%，园艺业占 18%，畜牧业占 27%，蚕丝生产占 2%，渔业占 6%。每个地区农业发展的重点因区域不同而呈现显著差异，产出也不同，就全国农业总体产出而言，其中水果、香料种植占 48.66%，家畜占 26.49%，蔬菜占 9.71%，林业产品占 8.10%，粮食等谷类作物占 7.04%。

二、农业生产布局

尼泊尔地貌由南到北依次为南部的亚热带平原、中部的山地丘陵、北部的高原山地、北部最高处的喜马拉雅南侧（图 4-1）。农业生产布局与自然条件相适宜，南部平原以水稻、小麦、小米、咖啡、香蕉、芒果、渔业、奶牛、水牛、猪以及家禽业为主，中部丘陵地带以小麦、玉米、豆类、油料作物、马铃薯、苹果、柑橘、柠檬、奶牛、山羊、家禽、猪等为主，北部高山区以青稞、牧草、绵羊、山羊、牦牛、马为主。

图 4-1　尼泊尔地形分布图（图片来源于 NARC）

第二节　种植业生产与发展趋势

一、粮食作物

尼泊尔粮食作物主要有水稻、玉米、小麦、青稞和小米。

【水稻】水稻是尼泊尔主要粮食作物之一，产地多集中在平原地区，一年可达三熟。20 世纪 80 年代中后期不断扩大种植面积，许多丘陵与河谷地区也开始大面积种植水稻，单位面积产量从 1975 年的 1.98 吨 / 公顷增至 2005 年的 2.78 吨 / 公顷。截至 2004/2005 年度，水稻总产量、种植面积和单位面积产量分别达到 428.98 万吨、154.17 万公顷和 2.78 吨 / 公顷。由此可见，尼泊尔水稻单产低、种植业相对落后。但相关的科研单位也在积极开展水稻品种改良、增产等方面的研究。据 NARC 2014/2015 财年年报报道，在平原地区和山地地区试验的水稻品系产量分别达到 5.06 吨 / 公顷和 5.8 吨 / 公顷，杂交改良水稻产量甚至能达到 7.67 吨 / 公顷，下一步推广单产有望翻番。另外，尼泊尔科学家研发出一种高产芳香型大米，取名"Sunaulo Sugandha"。这种大米已由国家种子局下属的"批准、注册和发布委员会"正式发布，且已推广到雨水充沛和灌溉条件较好的平原、丘陵以及海拔 500 米左右的地区种植。参与研究的科学家表示，这种大米产量高达 5.5 吨 / 公顷，对叶瘟和穗瘟疫病抵抗力强，穗大、易脱粒、质量高，味芳香（马休，2008）。另据尼泊尔 2015 年统计年鉴数据，2014/2015 财年水稻总产量、种植面积和单位面积产量分别达到 478.86 万吨、142.06 万公顷和 3.37 吨 / 公顷。近十年，尼泊尔水稻种植面积在减少，但单产及总产量却稳步上升。

【玉米】玉米也是尼泊尔主要粮食作物之一，主要集中种植在平原和河谷地区。截至 2004/2005 年度，玉米总产量、种植面积和单位面积产量分别达到 171.6 万吨、84.99 万公顷和 2.02 吨 / 公顷。据 NARC 2014/2015 财年年报报道，全生长季初始产量（Initial Yield Trial-Full Season，IYT-FS）试验数据得出，玉米单产最高达到 9.366 吨 / 公顷，平均产量达到 6.054 吨 / 公顷；全生长季改良品种产量（Coordinated Varietal Trial-Full Season，CVT-FS）单产最高达到 9.726 吨 / 公顷，平均产量为 7.505 吨 / 公顷。另据尼泊尔 2015 年统计年鉴数据，2014/2015 财年玉米总产量、种植面积和单位面积产量分别达到 214.53 万吨、88.24 万公顷和 2.43 吨 / 公顷。近十年，尼泊尔玉米种植面积基本维持不变，但单产及总产量略有上升。

【小麦】小麦产于平原及山区和丘陵地区，一般在 11 月、12 月播种，翌年 4 月、5 月收获。截至 2004/2005 年度，小麦总产量、种植面积和单位面积产量分别达到 144.24 万吨、67.58 万公顷和 2.13 吨 / 公顷。大麦与小麦播种期相差无几，多集中于山区，其播种面积和产量均不大。据 NARC 2014/2015 财年年报报道，试验小麦品种（系）中，单产最高达 6.853 吨 / 公顷，在雨养区，单产基本保持在 4.5 吨 / 公顷以上；而大麦品种（系）试验，最高产量达到 3.51 吨 / 公顷，平均产量为 2.69 吨 / 公顷。另据尼泊尔 2015 年统计年鉴数据，2014/2015 财年小麦总产量、种植面积和单位面积产量分别达到 197.56 万吨、76.24 万公顷和 2.59 吨 / 公顷。近十年，尼泊尔小麦种植面积增加，单产及总产量均有上升。

【小米】小米是尼泊尔山区农民的主要粮食，其播种面积和产量都有不同程度的提高。截至 2004/2005 年度，小米总产量、种植面积和单位面积产量分别达到 28.98 万吨、25.88 万公顷和 1.12 吨 / 公顷。据 NARC 2014/2015 财年年报报道，试验小米品种（系）单产最高达 2.86 吨 / 公顷，平均产量 2.39 吨 / 公顷。另据尼泊尔 2015 年统计年鉴数据，2014/2015 财年小米总产量、种植面积和单位面积产量分别达到 30.85 万吨、26.81 万公顷和 1.15 吨 / 公顷。近十年，尼泊尔小米种植面积、单产、总产量基本持平。

【豆类】豆类品种较多，主要有黄豆、蚕豆、豌豆、绿豆、鹰嘴豆等，集中在山区和丘陵地区种植，总种植面积为 31.68 公顷，产量达 27.13 万吨，有少量出口。

二、经济作物

尼泊尔主要经济作物有甘蔗、烟草、马铃薯、黄麻、棉花、油料作物等。

【甘蔗】甘蔗主要集中在柯西专区和纳拉亚尼专区的南部地区。2004/2005 财年，甘蔗总产量、种植面积和单位产量分别达到 220.96 万吨、6.21 万公顷和 35.58 吨 / 公顷；2014/2015 财年，甘蔗总产量、种植面积和单位产量分别达到 337.03 万吨、7.94 万公顷和 42.45 吨 / 公顷。

【烟草】烟草在尼泊尔全国大部分地区都有种植，但发展并不明显。种植期为 8、9 月，收获期则在 12 月至次年 1 月。2004/2005 财年，烟草总产量、种植面积和单位产量分别达到 3072 吨、3003 公顷和 1.02 吨 / 公顷；2014/2015 财年，烟草总产量、种植面积和单位产量分别达到 2227 吨、759 公顷和 0.95 吨 / 公顷。

【马铃薯】马铃薯在尼泊尔全国各地均有种植。其播种期为 3—4 月和 9—10 月，生长期为 4 个月左右。据 NARC 2015/2016 财年年报报道，试验品种（系）单产最高达 35.9 吨 / 公顷，平均产量 25.47 吨 / 公顷，总产量由 2004/2005 财年的 170.91 万吨增至 2014/2015 财年的 258.63 万吨。

【黄麻】黄麻的主要产地集中在尼泊尔东南部地区。由于 20 世纪 80 年代中期黄麻价格下跌，导致其种植面积大幅度减少。其播种期为 3—4 月，收获期在 7—8 月。试验品种（系）中，最高产纤维量为 5.333 吨 / 公顷，平均产纤维量为 4.967 吨 / 公顷；最高产种量为 0.562 吨 / 公顷，平均产种量为 0.383 吨 / 公顷。2004/2005 财年，黄麻总产量、种植面积和单位产量分别达到 1.62 吨、1.12 公顷和 1.45 吨 / 公顷；2014/2015 财年，总产量、种植面积和单位产量分别达到 1.25 吨、0.86 公顷和 1.45 吨 / 公顷。单产基本维持不变，种植面积减少，总产量相应减少。

【棉花】棉花于 1972 年在尼泊尔蓝毗尼（Lumpinī）专区的卢潘德伊（Rupandehi）试种成功，后来逐步扩大到东南和西南地区。1984 年开始大力发展棉花种植，但因种植成本太高，棉花种植远未形成规模。因此，尼泊尔每年须从国外进口价值 120 万～130 万美元的棉花。2004/2005 财年，棉花总产量、种植面积和单位产量分别达到 12 吨、20 公顷和 0.6 吨/公顷；2014/2015 财年，总产量、种植面积和单位产量分别达到 137 吨、123 公顷和 1.11 吨/公顷。

【油料作物】油料作物包括芝麻、油菜籽、亚麻及花生等，主要集中在南部平原、中部山区和河谷地区。试验品种（系）中，白菜型油菜（*Brassica Campestris* L.）最高产量达到 1.130 吨/公顷，平均产量为 0.864 吨/公顷；芥菜型油菜（*Brassica Juncea*）最高产量达到 0.659 吨/公顷，平均产量为 0.574 吨/公顷；落花生（*Arachis Hypogea* L.）最高产量达 3.228 吨/公顷，平均产量为 2.36 吨/公顷。2004/2005 财年，油料作物总产量、种植面积和单位产量分别达到 14.20 万吨、18.79 万公顷和 0.76 吨/公顷；2014/2015 财年，总产量、种植面积和单位产量分别达到 20.96 万吨、22.17 万公顷和 0.95 吨/公顷。

三、园艺作物

尼泊尔的园艺作物包括豆类、蔬菜、水果、花卉、茶叶、咖啡等品种，品种丰富，但是种植水平以及产量有待进一步提高（表 4-1）。

豆类品种较多，主要有黄豆、蚕豆、豌豆、绿豆、鹰嘴豆等，集中在山区和丘陵地区种植。在尼泊尔的出口商品中，豆类占了一部分。目前，其总产量 27.13 万吨，种植面积 31.68 万公顷。

蔬菜的总产量、种植面积和单位产量分别达到 206.52 万吨、18.08 万公顷和 11.42 吨/公顷。目前，蔬菜生产在满足国内需求后还有大量出口。

时令性水果有梨子、核桃、桃子、李子、柿子、柠檬、葡萄和石榴等；热带水果有芒果、香蕉、木瓜、荔枝、椰子等。近年来，尼泊尔将水果生产纳入农业发展计划，并不断扩大种植面积。目前，时令性水果和热带水果的种植面积和总产量约为 11.08 万公顷和 99.20 万吨。柑橘的种植面积和总产量分别达到 2.09 万公顷和 12.6 万吨。苹果的种植面积和总产量分别达到 6927 公顷和 3.14 万吨，苹果种植业每年约为 5200 人提供了短期就业机会。

茶叶种植主要集中在尼泊尔东部地区。目前，位于东部梅奇（Mechi）专区的伊拉木（Ilam）县、贾帕（Jhapa）县和潘奇塔尔（Panchthar）县已初具商业规模。茶叶生产主要依靠尼泊尔茶叶公司、私营茶场和小型农场，其总产量为 1.26 万吨，种植面积为 4564 公顷。咖啡种植集中在蓝毗尼（Lumbini）专区的古尔米（Gulmi）县、阿尔加坎奇（Arghakanchi）县和帕尔帕（Palpa）县，未形成规模种植。桑树种植面积约 245 公顷，蚕茧总产量约 35 吨。蜂蜜总产量约 600 吨。

表 4-1 尼泊尔主要园艺作物生产量 单位：万吨

园艺作物	财政年度									
	2006/2007	2007/2008	2008/2009	2009/2010	2010/2011	2011/2012	2012/2013	2013/2014	2014/2015	2015/2016
豆类	27.44	26.98	25.54	26.24	318.40	32.72	35.67	281.75	284.20	35.24
水果	57.51	63.06	68.62	70.70	83.16	88.55	108.69	96.50	118.64	109.68
蔬菜	229.87	253.89	275.44	300.40	320.30	340.09	340.97	347.21	362.90	270.10
总产量	314.82	343.92	369.60	397.34	721.86	461.36	485.33	725.46	765.74	415.02

来源：尼泊尔农业与土地管理合作部。

四、农机发展

尼泊尔是一个多山的国家，丘陵和山地占国土面积的 76.7%。农作物种植、收获等生产作业中，传统的人力、畜力机具仍然占主导地位（占 76.93%），机械机具所起作用很小（占 23.07%），加快尼泊尔农业机械化、现代化至关重要。有的尼泊尔学者认为，让个体农牧民直接承担昂贵的农机不现实，建议小额放贷机构购买农机设备，并租用给农牧民，实现双赢。尼泊尔曾引进中国的小型山地播种耕作机，该播种机既适应该国的山丘斑块土地，也节约了人力成本（表 4-2）。

表 4-2　农场动力来源情况

动力来源		可获得单位	平均功率 /（千瓦 / 单位）	可获得动力 /千瓦	所占比例 /%
人力		13958068	0.07	977065	36.36
畜力	阉牛	3395300	0.3	1018590	40.57
	水牛	162395	0.44	71454	
畜力总计				1090044	
2 轮拖拉机		1800	7.46	13428	23.07
4 轮拖拉机		19978	22.38	447107	
固定发动机		42750	3.73	159458	
机械动力总计				619993	
总计				2687102	100

尼泊尔除了特莱平原以外，其他区域均为山地，农业机械化生产水平相对较低，适合山地农业的机械主要以小型和便携式为主，因此，研发和示范推广与生产地相适应的农业生产机械、装置都有待发展。

第三节　畜牧业生产现状与发展趋势

一、主要家畜数量与分布

尼泊尔从第三个"五年计划"（1965—1970 年）开始，乃至进入 20 世纪 80 年代以来，相较于农业，畜牧业在尼泊尔不占重要地位（法登南德·杰哈，1979）。全国各农户均养家禽，在平原东部和西部山区大多饲养牛、山羊、绵羊和猪等，主要供农民自用（图 4-2）。

尼泊尔的畜牧业属于尚待开发的一个产业。尽管畜禽的饲养（主要饲养牛、羊、猪、鸡）在全国随处可见，但多以小集体和农户饲养为主，目前仍未形成大型的商业性饲养场或规模化养殖。20 世纪 80 年代，尼泊尔在亚洲开发银行的援助下，对一些牧场进行了改造，不仅扩大了牧场规模，而且养殖水平也得到了提升。与此同时，尼泊尔农业发展银行也向家禽家畜饲养者提供贷款和专门技术服务，在一定程度上推进了畜牧业的发展（表4-3）。

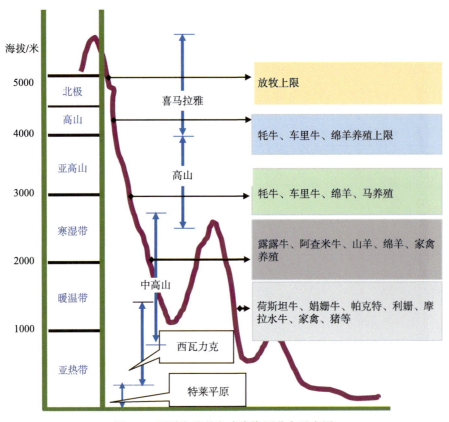

图 4-2　尼泊尔海拔与家畜资源分布示意图

表 4-3　2014—2015 年尼泊尔主要家畜存栏数

序号	品种	数量
1	黄牛 / 头	7243916
1.1	产奶牛 / 头	1024513（占黄牛总数的 14%）
2	水牛 / 头	5178612
2.1	产奶水牛 / 头	1345837（占水牛总数量的 26%）
3	绵羊 / 只	789216
4	山羊 / 只	10177531
5	猪 / 头	1190138

序号	品种	数量
6	鸡/羽	48079406
7	鸭/羽	390209

据不完全统计，2004/2005 财年全国黄牛的存栏数约 699 万头，水牛的存栏数约 408 万头，奶牛的存栏数约 201 万头。尼泊尔全国有 76 个私营繁殖场专门从事牛奶生产，并建有 43 个牛奶冷冻中心和 60 万个牛奶销售点。

羊是尼泊尔人民的主要肉食品来源之一，有绵羊和山羊等，2004/2005 财年其存栏总数约 797 万只（其中绵羊 82 万只，山羊 715 万只）。据不完全统计，2004/2005 财年全国猪的存栏数约 95 万头。

尼泊尔的家禽饲养中，鸡的存栏数居首位。2004/2005 财年，蛋鸡的存栏数约为 664.3 万羽，鸡蛋产量达到 59500 万枚（表 4-4）。

表 4-4　2000—2014 年尼泊尔畜禽数量变化

畜种	财政年度			
	2000/2001	2004/2005	2009/2010	2014/2015
奶牛/头	6982660	6994463	7199708	7241743
水牛/头	3624020	4081463	4832654	5167737
绵羊/只	850170	816727	797291	789292
山羊/只	6478380	7153527	8762703	10251569
猪/头	912530	947711	1062350	1203230
鸡/羽	19790060	22790224	24280200	50195285
鸭/羽	411410	391855	379753	390287
牛奶/吨	852583	902286	954460	1025947
水牛奶/吨	936811	1050977	1251090	1345164
蛋鸡/羽	5998367	6643350	7280846	8412820
蛋鸭/羽	215376	183208	175299	179480

二、2014/2015 财年畜牧业发展情况

2004/2005 财年至 2014/2015 财年，尼泊尔畜牧业有了一定的发展，畜产品生产较 2004/2005 财年基本翻一番（表 4-5）。

全国奶牛现存量约 724.39 万头，其中泌乳期奶牛 102.45 万头，占总奶牛数量的 14%；水牛约 517.86 万头，其中泌乳期水牛约 134.58 万头，占总水牛数量的 26%；绵羊约 78.92 万只，山羊约 1017.75 万只，猪约 119.01 头，鸡约 4807.94 万羽，鸭 39.02 万羽。

全国奶产量约 170.01 万吨/年（其中牛奶产量为 53.23 万吨/年，水牛奶产量为 116.78 万吨/年）；产肉量约 29.82 万吨/年（其中水牛肉产量为 17.39 万吨/年，绵羊肉产量为 0.27 万吨/年，山羊肉产量为 5.91 万吨/年，猪肉产量为 1.93 万吨/年，鸡肉产量为 4.31 万吨/年，鸭肉产量为 227 吨/年）；产蛋量约 88291.8 万枚/年（其中鸡蛋产量为 85951.5 万枚/年，鸭蛋产量为 1340.3 万枚/年）；绒毛产量约 586.85 吨/年（图 4-3～图 4-6）。

表 4-5 尼泊尔畜产品产量（2014/2015 财年）

产品	物种	数量
牛奶/吨	奶牛	1168006
	水牛	587719
	合计	1755755
肉/吨	水牛	174012
	绵羊肉	2658
	山羊肉	60906
	猪肉	20135
	鸡肉	45458
	鸭肉	232
	合计	5303401
蛋/万枚	鸡蛋	86595
	鸭蛋	1359
	合计	87950
绒毛/千克	—	586731

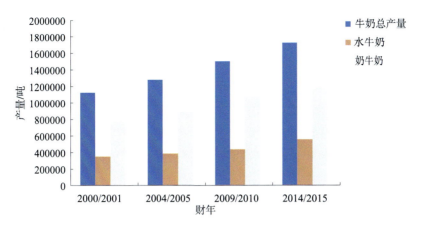

图 4-3　奶产量发展趋势（2000/2001 — 2014/2015 财年）

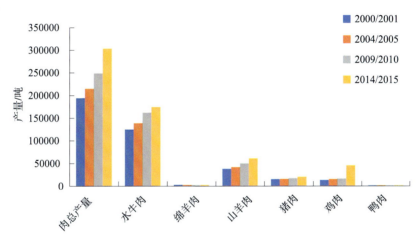

图 4-4　肉产量发展趋势（2000/2001 — 2014/2015 财年）

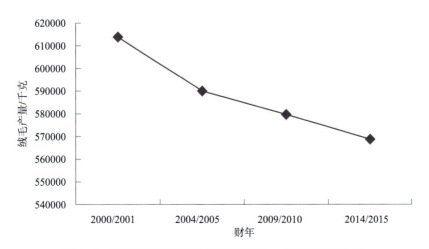

图 4-5　绒毛产量发展趋势（2000/2001 — 2014/2015 财年）

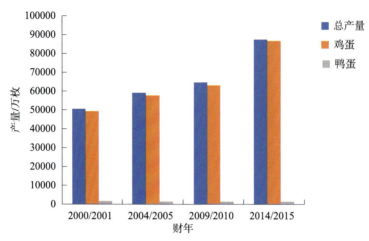

图 4-6　蛋产量发展趋势（2000/2001 — 2014/2015 财年）

全国出口活畜量约 7.80 万头（羽）/ 年，肉类约 6445.3 吨 / 年，乳制品约 441.28 吨 / 年，实现收入约 10.05 亿尼泊尔卢比 / 年（约 990 万美元）（表 4-6）。

表 4-6　尼泊尔出口活畜和畜产品量（2013/2014 财年）

序号	类别	数量	产值 /（NRs）
1	活畜	78019（头或只）	201481772
2	肉及肉制品	6445300（千克）	662446246
3	乳制品	441284（千克）	141916629

注：NRs 为尼泊尔卢比，下同。

全国进口活畜量约 55.42 万头（羽）/ 年（其中家畜类 491144 头 / 年，禽类 63088 羽 / 年），肉类约 450.21 吨 / 年，乳制品约 17295.51 吨 / 年，支出约 40.07 亿尼泊尔卢比 / 年（约 3946 万美元）（表 4-7）。

表 4-7　尼泊尔进口活畜和畜产品量（2013/2014 财年）

序号	类别	数量	产值 /（NRs）
1	活畜	554232（头或羽）	1948080200
1.1	家畜	491144（头）	1603628619
1.2	家禽	63088（羽）	344451581
2	肉及肉制品	450208（千克）	148606451
3	乳制品	17295513（千克）	1910688687

续表

序号	类别	数量	产值／（NRs）
4	蛋类		
4.1	受精蛋（种蛋）	198（万枚）	494699
4.2	蛋黄粉	534（千克）	39770

预计尼泊尔畜牧业未来几年，奶牛、绵羊和猪的数量将基本维持不变或略有增加，水牛和山羊的数量将稳步上升（图4-7）。

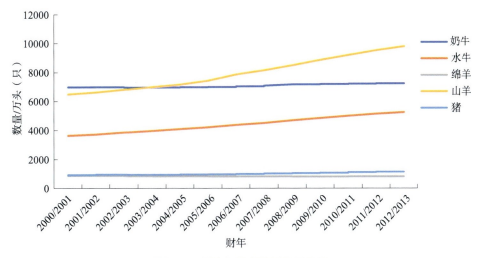

图 4-7 尼泊尔家畜数量发展趋势

三、畜牧业发展面临的问题与挑战

多年来，尽管牲畜的数量在持续增加，但国内畜产品的需求仍然无法满足，只能依赖进口，牲畜和畜产品进口将使尼泊尔畜牧业未来发面临巨大的挑战，主要体现在以下几个方面。

①不良的基因遗传、饲料短缺、不良的饲养管理以及牲畜疾病（比如口蹄疫、RUFANGYAN）等综合因素致使家畜生产水平低。

②气候变化给家畜的饲草、适应性、疾病以及繁殖等方面都带来影响和挑战。

③温室气体或环境的负面影响致使畜牧生产力降低。

④人力资源和资金不足对畜牧生产的影响。

第四节　渔业发展现状与趋势

尼泊尔河流众多，适宜发展淡水养鱼，在第三个"五年计划"（1965—1970年）期间，国家建立了十多个养鱼场，放养近 200 万尾鱼苗，年产鲜鱼 560 多吨。自 20 世纪 80 年代以来，为满足人们对鱼类日益增长的需要，淡水养鱼仍不断发展（表 4-8）。

表 4-8　尼泊尔水资源情况

水资源详细情况		数量	
天然水域 / 公顷	①河流	395000	411434
	②湖	5000	
	③水库	1500	
	④村级别池塘	9934	
季节性水域 / 公顷	①沼泽	1227353	1625353
	②灌溉水稻地	398000	
灌溉沟渠 / 千米		7900	

2007—2014 年，尼泊尔商业养殖渔业产量增长了 23%，从 2007/2008 财年的 24295 吨增加至 2011/2012 财年的 30000 吨。商业养殖鱼塘从 23884 个增加至 29970 个（其中 27558 个位于平原地区，1630 个位于丘陵地带，82 个位于山区）。2012/2013 财年，尼泊尔养殖渔业产量近 50000 吨，至 2015 年，人工养殖 49400 吨（占 76%），天然水域产鱼 15510 吨（占 24%）（表 4-9 和表 4-10）。

表 4-9　尼泊尔渔业生产力

生产类型	单产 /（吨 / 公顷）	产量 / 吨
人工养殖		49400（76%）
池塘	4.89	48543

生产类型	单产 /（吨 / 公顷）	产量 / 吨
笼养	6.0 千克 / 米³	
稻田养殖	0.450	557
围养	1.4	
沟养（鳟鱼）	100	300
天然水域养殖		15510（24%）
河	0.018	7110
湖	0.170	850
水库	0.260	385
稻田放养	0.018	7165
总计		64910

表 4-10　尼泊尔渔业经济情况

项目	2015—2016 年	5 年增长率
就业	58.5 万人	3.68%
鱼需求量	167726.64 吨	5.51%
每尾鱼平均产量	2.75 千克	25.43%
鱼类进口	7882 吨	4.09%
农业 GDP 贡献率	4.22%	43.58%
全国 GDP 贡献率	1.32%	35.95%

第五节　林业发展现状与趋势

一、林业环境

尼泊尔被誉为"喜马拉雅山王国"，境内高峰林立，世界上 14 座海拔 8000 米以上的山峰就有 8 座位于其境内或边界处，独特的地形地貌使得尼泊尔地势变化十分明显，从北边海拔 8000 多米的世界屋脊，急剧下降到南部特莱接近海平面（海拔仅 70 米）的谷地平原，因此，形成了多样的气候和自然景观。

全国分为 5 个气候区：热带和亚热带地区（海拔 1200 米以下）分布着茂密的森林和广阔的草原；温带地区（海拔 1200～2400 米）是各种农作物的生产区；寒带地区（海拔 2400～3600 米）是主要牧场区；次极带（海拔 3600～4800 米）；极带气候区（海拔 4800 米以上）。

气候大致分为三季：4—6 月为热季，7—10 月为雨季，11 月至翌年 3 月为冷季。年平均降雨量南部约 2300 毫米，中部约 1500 毫米，北部仅有 500～600 毫米。全年 90% 的降雨量集中于雨季。

二、林业管理

尼泊尔的林业管理主要有三种方式，即政府管理、国家宏观调控下的社区管理和以宗教文化为基础的民间自主管理。

1. 政府管理

政府管理主要针对国家公园和自然保护区，目的是保护自然生态系统和珍稀生物物种资源。在管理机构上，森林与土壤保护部下设国家公园和野生动物保护司，全面负责国家公园和自然保护区管理工作。国家公园和野生动物保护司在全国 72 个区设立了办公室，具体负责各自辖区内国家公园和自然保护区的管理工作。对于跨区的自然保护区或国家公园（如朗唐国家公园）设立一个区域办公室，协调跨区管理。

森林与土壤保护部下设水土保持和流域管理司、林业管理司、林业研究和勘测司，分别负责全国的水资源和土地资源、林业资源（包括草原和湿地资源）的保护、管理和监察工作。各司在全国 72 个区设有办公室，具体负责各区的水资源、土地资源、林业资源的保护和管理工作。

政府林业管理部门有责任为林业管理提供必要的科学依据和有力的技术支撑，因此，还与国内外非政府组织（NGO）联合开展了包括造林、自然资源管理、水土保持、防灾减灾、社区可持续发展等一系列的工程项目和研究计划。

2. 国家宏观调控下的社区管理

社区林业管理是尼泊尔林业管理体制中的一大特色。社区林业管理的主要模式是：国家将林地的经营和管理权下放给当地社区，在国家和地方林业部门的宏观调控下，将已遭破坏或退化的林地作为"造林地"、将基础状况良好的林地作为"保护地"加以管理；社区林业管理根据"谁建设、谁受益，谁保护、谁获利"的原则，鼓励社区成员有效培育、管理和利用林地资源；社区"造林地"内可以适当发展商品林（如药材、用材林种植），社区委员会通过大会决议讨论种植方法、收获量及收益分配方式；社区"保护地"内，社区成员可以自由采集枯枝落叶、牧草等副产品，但对原生林实行严格保护，通过罚款或取消经营权等手段禁止社区成员乱砍滥伐；非社区成员采集社区森林的林副产品时需要付费，部分商品林或"保护地"的林产品交易必须通过社区委员会大会讨论决定。

这种参与式的社区管理不仅使尼泊尔的森林资源得到了有效保护，而且使当地农民从中受益。据报道，尼泊尔社区林业的总收益约为9.13亿尼泊尔卢比/年，社区林业总收益的36%用于学校、道路、医院等基础设施建设，极大地提高了当地群众的生活水平（董世魁 等，2008）。

尼泊尔社区林业管理成效显著，在全国各个地县已得到推广。目前尼泊尔约有1.5万个社区森林使用者联合会，管理着全国约21%的森林面积。尼泊尔不仅以佛教诞生地闻名于世，而且作为社区林业管理的成功典范享誉全球。

3. 以宗教文化为基础的民间自主管理

尼泊尔是多民族文化融合的宗教国家，多种宗教信仰、多元民族文化的融合与渗透，造就了尼泊尔保护森林资源和自然环境的宗教文化和民族文化特色，对森林资源的可持续利用和生态保护起到了十分重要的作用。例如，印度教将大象视为神的使者和化身，同时对水资源异常珍爱，这些宗教文化对野生动植物保护和水土保持管理发挥着重要作用。草地游牧、树叶堆肥等传统知识也有效地促进了森林资源管理与林业的可持续发展。

第六节　农业公共行政机构

一、公共管理机构

尼泊尔农业公共管理机构为农业和畜牧业发展部（相当于我国的司局级单位），从事农业公共管理。然而，尼泊尔国内有很多不同的非政府组织，国际非政府组织也参与农业部门的发展和管理。

二、公共科研机构

尼泊尔国内农业科技管理体制与运作情况比较特殊，涉及政策制定机构、农业研究机构、大学，同时还有 200 余个非政府组织，这些都参与到了尼泊尔农业技术开发与推广应用中。

在尼泊尔整个科研运作体系中，负责政策与协调的部门包括国家科学技术部、农业协作部（包含下属机构农业与畜牧业服务部）和环境部，这三个部门互相协作制定国家科学计划等宏观决策；技术研发部门包括尼泊尔科学技术研究院、尼泊尔农业研究委员会（NARC）、有关大学、国际非政府组织（International Non-Governmental Organization，INGO）、国际农业研究中心（International Agriculture Research Centers，IARC）等单位，针对上级部门提出的宏观政策或要求，开展技术研发工作；技术初步形成后，交由 NARC 下属的研究站或推广站，或区农业发展办公室、非政府组织、社区组织（Community-based Organization，CBO）等部门落实推广。NARC 隶属于尼泊尔农业发展部，农业发展部部长同时兼任 NARC 的主席。NARC 完全自治，其总部位于狮宫（Singha Durbar）广场毗邻中央秘书处的政府大楼。NARC 和尼泊尔农业暨合作部（MOAC）、国家计划委员会（NPC）一直保持协作。NARC 下设的其他研究单位根据农业生态条件分布在全国不同区域，也归其管理，并定期汇报项目进展和成果。

三、公共咨询机构

尼泊尔公共服务委员会（PSC）是在 1951 年 6 月 15 日成立的一个选择尼泊尔政府职位空缺所需优秀人才的主要宪法机构。尼泊尔公共服务委员会被认为是最可信的招聘机构之一。

尼泊尔宪法将委员会视为一个独立的机构。根据尼泊尔临时宪法（2072）第 23 条，尼泊尔公共服务委员会由代理主席和成员组成。主席和其他成员由总统根据宪法委员会的建议选定，其中 50% 的成员从政府服务部门的公务员中选出任命。

第七节　农业发展政策

自 20 世纪 90 年代以来，尼泊尔陆续颁布了农业方面的相关政策，包括农场主计划（1993 年）、农业计划（1995—2015 年）、国家肥料政策（2002 年）、国家农业政策（2004 年）、农业贸易开发政策（2006 年）、奶业发展政策（2007 年）、NARC 农牧业愿景（2011—2030 年）、畜禽繁殖政策（2011 年）、农业发展战略（2014 年）、土地法修正案（2019 年）、杀虫剂法案（1991 年）和法规（1993 年）等。同时，该国先后颁布农牧林业生产管理法规和实施细则，包括家畜饲养法规（1976 年）、家畜健康与家畜服务法案（1999 年）、林业部门政策（2000 年）、国家小型贷款政策（2005 年）、农业生物多样性政策（2007 年）、贸易政策（2009 年）、应对气候变化政策（2011 年）、农业与家畜保险政策（2012 年）、国家土地利用政策（2012 年）、家畜健康计划实施细则（2013 年）、家畜屠宰场及肉类检测规范（2013 年）等。

作为尼泊尔最大农牧业研究机构的尼泊尔农业研究委员会，针对国家的政策也制定了部分内部细则，包括自然资源、作物资源、家畜资源、水产养殖等管理与发展等方面。NARC 直接参与制定上述的某些农业政策，并在设置研究计划中践行这些政策。目前，NARC 的重点研究项目的目标导向为：

①增产增效，增强粮食安全，为农业与非农业领域提供就业机会；

②加快农业商品化进程，促进农产品出口；

③利用现有的农场资源培育和开发贫瘠土地；

④可持续性利用自然资源与利用退化土地（保护性农业）；

⑤针对小农和边远地区的农牧民，开发具有低成本效益的农业技术；

⑥环境友好型的管理措施；

⑦农业系统导向型的外延研究；

⑧应对气候变化与全球变暖对农牧业产生的消极影响。

第五章

尼泊尔农产品加工与食品安全管理

第一节　农产品流通

一般来说，农业营销是指农产品的购买和销售行为。有各种活动，如农产品收集、质量确定、销售和购买管理、有组织市场的开发等。因此，农业营销涉及一系列操作和过程，通过这些操作和过程，农产品和原材料向最终消费者转移。通常情况下，购买农产品是为了实现用于消费、再销售以及工业用途等。

一、农产品流通的主要渠道

尼泊尔农产品的销售渠道主要受产品的消费者、生产规模以及产品品质等因素的影响。一般农户和小规模生产者的产品在当地商场销售，而规模较大生产者的产品一般与代销商签订代理销售协议，或直接给批发商，由批发商批发给零售商，并在不同的市场销售（图5-1）。

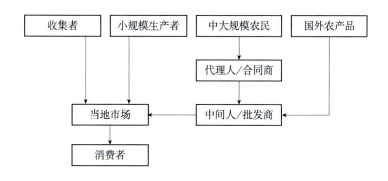

图 5-1　尼泊尔农产品销售与流通渠道

农产品一般由不同的个人或组织商品购买者进行收集，然后通过陆地或航空运输到离加工厂较近的仓库，通过分类分级后进行专门储存（冷冻、保温、加热等），再运输到相应的加工厂进行加工和包装，然后由批发商向零售商推销各种加工厂的产品（表 5-1）。

表 5-1　尼泊尔农产品加工及营销环节

阶段	内容
阶段 1：收集	专门从事特定农产品的商品购买者，购买商品如粮食、牛、山羊、豆蔻、棉花、家禽和鸡蛋、牛奶等
阶段 2：运输	独立卡车司机、卡车公司、航空公司等
阶段 3：储存	公共冷藏仓库、受控大气仓库、加热仓库、冷冻仓库
阶段 4：分类分级	出品商或其他分级官员
阶段 5：加工	食品和纤维加工厂，如面粉厂、油厂、米厂、棉花厂、羊毛厂、水果和蔬菜罐头厂或冷冻厂
阶段 6：包装	用于食品包装或纤维制品的锡罐、纸板箱、薄膜袋和瓶子的制造商
阶段 7：分配和销售	独立批发商向零售商推销各种加工厂的产品（连锁零售店有时有自己的独立仓库及分配中心）

二、农产品流通的发展环境

农产品营销已经在当今世界农业经济中占据了重要地位，但尼泊尔的农产品营销尚未得到有效组织与发展。由于尼泊尔农业市场受以下因素影响，农民并未从其农产品中获得多少收益。

1. 季节性

农业生产和销售都是尼泊尔农村地区的季节性活动，农产品受季节的影响很大。在收获季节，供应过剩；再加上由于缺乏储存设施，无论农民种植和生产什么，只能将农产品立即投入市场。因此，农产品价格总是很低。

2. 无组织

尼泊尔的农业营销系统没有组织起来。农民生产少量商品，只在村内等有限的范围内销售，满足当地百姓的基本需求。因此，农产品缺乏市场组织，在计量、价格控制、质量维护等管理体系方面还不科学。

3. 市场中心不足

在尼泊尔，市场中心的数量不足，特别是在山区和山区之间的区域，人们必须长途跋涉才能到达就近的市场中心，从而客观上限制了农产品的交易。

4. 市场规模小

由于大量的农民都是自给农作，致使农产品可销售盈余量很少，农民不太愿意也缺乏相应的条件去市场以获更好的价格。因此，农产品低盈余状况也限制了尼泊尔农业市场的规模。

5. 印度市场的影响

印度和尼泊尔之间有很长的开放边界，由于这种开放的边界，尼泊尔的农产品营销直接受到印度商品价格和质量的影响。印度的农产品价格比尼泊尔的农产品更便宜，这对尼泊尔的农产品市场产生了不利影响。

6. 价格不稳定

由于各种原因，尼泊尔农产品市场的商品价格几乎每天都在变化。同一天，同一产品的价格也因地而异。

除了以上几方面因素外，尼泊尔农民面对农产品市场还受到其他方面的制约，如不同的计量单位、中间人的支配地位、农产品营销信息效率低下、印度市场效应、缺乏监控系统、缺乏营销协调和规划等。

三、农产品营销问题

交通和通信设施滞后是尼泊尔农产品销售最突出的问题，特别是在偏远的山区，因为交通不便致使很好的农产品无法从山区运出来。缺乏储存设施，产品保鲜技术落后。另外，由于农民目前还在使用传统的重量测定设备，使得产品的实际重量和测量值不一致，一些环节也存在掺假现象，从而给农产品销售带来一些不便和问题。

与此同时，农产品销售也缺乏有效的农民组织（农民个体户介入市场的条件与能力很有限），中间商也在增加产品的成本。

第二节 农产品价格

一、主要农产品市场价格

尼泊尔农产品的价格总体呈增长趋势，但是价格没有特别大的浮动，品质特别好的产品或产量不大的特色产品价格相对较高。与我国同类产品相比，农产品价格总体要低一些（表5-2）。

表5-2 2015—2016年尼泊尔主要农产品全国平均市场价格

序号	大宗商品	单位	平均价格/卢比	平均价格/元	序号	大宗商品	单位	平均价格/卢比	平均价格/元
1	糙米	千克	47	3.92	15	芥子油	升	191	15.92
2	中等米	千克	63	5.25	16	黄豆油	升	158	13.17
3	好米	千克	92	7.67	17	酥油	千克	761	63.42
4	本地扁米	千克	69	5.75	18	植物酥油	千克	151	12.58
5	面粉	千克	48	4.00	19	鸡肉	千克	347	28.92
6	黑绿豆	千克	178	14.83	20	羊肉	千克	625	52.08
7	木豆	千克	198	16.50	21	牛肉	千克	310	25.83
8	绿豆	千克	203	16.92	22	猪肉	千克	273	22.75
9	扁豆	千克	162	13.50	23	鲜鱼	千克	387	32.25
10	大豆	千克	94	7.83	24	鸡蛋	个	15	1.25
11	大鹰嘴豆	千克	121	10.08	25	牛奶	升	67	5.58
12	小鹰嘴豆	千克	111	9.25	26	蔗糖	千克	74	6.17
13	大豌豆	千克	94	7.83	27	红马铃薯	千克	39	3.25
14	小豌豆	千克	101	8.42	28	白马铃薯	千克	37	3.08

续表

序号	大宗商品	单位	平均价格/卢比	平均价格/元	序号	大宗商品	单位	平均价格/卢比	平均价格/元
29	大西红柿	千克	59	4.92	38	芒果	千克	191	15.92
30	小西红柿	千克	62	5.17	39	橘子	千克	98	8.17
31	卷心菜	千克	37	3.08	40	苹果	千克	169	14.08
32	山地菜花	千克	62	5.17	41	香蕉	打	77	6.42
33	平原菜花	千克	55	4.58	42	干洋葱	千克	71	5.92
34	绿豆	千克	83	6.92	43	干大蒜	千克	178	14.83
35	尖葫芦	千克	79	6.58	44	鲜姜	千克	109	9.08
36	辣椒	千克	96	8.00	45	干辣椒	千克	316	26.33
37	秋葵	千克	76	6.33	46	青椒	千克	118	9.83

注：平均价格以人民币反映的数值是按照当年市场平均汇率，即1元=12卢比计算。

二、农村金融相关政策及其变化

农村金融被认为是社会变革的主要工具之一，也是减轻贫困和改善全世界贫困人口生活方式的一种工具。

在尼泊尔，农村金融被用来向不易获得商业银行支持的农村部门提供融资服务。一般来说，农村金融系统以资助农业为基础的小型加工业为主。自20世纪90年代初开始，尼泊尔Rastra银行（Nepal Rastra Bank）提出了一项规定，要求商业银行必须将一定比例的存款投放于农村地区。自那时以来，尼泊尔一直在支持农村融资。国家开发银行执行了优先部门贷款方案，并规定向欠发达地区每年提供3%的农业投资贷款。商业银行、开发银行、金融机构和合作社都兼有针对农村金融的工作。由此看出，金融部门为扶贫工作也做出了贡献，但同时存在着金融结构不合理、缺乏纪律性和监管体系等问题，此外，冗长的行政程序、高利率、强制担保以及官僚作风和政治干预也影响了农村金融机构的成长。

第三节 农产品消费

尼泊尔农产品主要以保证国民的食物供应为主，其次，一些经济作物（如水果、咖啡、茶叶等）会进行国内销售或出口（表5-3）。

表5-3 尼泊尔不同区域食物供应与需求

地理区域	山区	丘陵地区	平原地区	河谷地区
人口 / 人	1842127	12167909	14525050	28535085
大米 / 吨	61782	602329	1710277	2374389
玉米 / 吨	104657	1158429	173097	1436184
小米 / 吨	40292	175520	7737	223548
荞麦 / 吨	3836	3984	1721	9541
小麦 / 吨	49973	413247	839531	1302750
青稞 / 吨	4887	3599	334	8820
食品 / 吨	265428	2357108	2732696	5355232
食物需求 / 吨	351845	2445752	2629034	5426631

来源：尼泊尔农业畜牧业发展部（2015/2016财年尼泊尔农业统计信息）。

第四节 农产品加工

一、农产品加工概况

尼泊尔的农产品加工业主要有蚕丝业、畜禽饲养业、养蜂业、水果加工业、蔬菜加工业、家具业、农具业等。在山区以发展放牧和园艺为主，丘陵地区发展家畜饲养、园艺和混合农业；在平原上重点发展粮食和经济作物。

尼泊尔河流众多，适宜发展淡水养鱼，国家已经建立了十多个养鱼场，为满足人们对鱼类日益增长的需要，淡水养鱼仍在不断发展。

畜牧业在尼泊尔不占重要地位，全国各农户均饲养家禽，在东部平原和西部山区大多饲养牛、山羊、绵羊和猪等，主要供农民自用（李未醉 等，2015）。

牛奶主要由本土和杂交品种的奶牛所产,同时高原上有一定量的牦牛奶。牛奶也是农牧民主要的获利产品。尼泊尔人对牛奶的利用方式与中国人有所不同,除了少数牛奶被牧民加工成酥油和其他产品外,大部分在牧区当地出售而且被加工成具有瑞士风格的硬干酪,特别是干酪,在尼泊尔以很高的价格出售。这些干酪主要被前往加德满都的旅游者买走。市场表明,尽管牦牛奶制作的干酪比当地黄牛和水牛奶制作的干酪的价格要高,但牦牛奶干酪仍供不应求(董全民 等,1998),牦牛奶制作的干酪价格之所以一直居高不下,是因为牦牛奶制作干酪具有季节性,不能全年生产,且产量也较低。

二、农产品加工企业

尼泊尔农业企业中心(AEC)是尼泊尔工商会联合会(FNCCI)的农业部门,根据该联合会和美国国际开发署(USAID)的合作协定于 1991 年 9 月成立。目前,制造业企业发展到 18000 多家,但 92% 以上为 10 人以下的小企业,200人以上的企业只占 0.3%。在农村工业中,妇女是主力。由于农村工业范围广大,而技术又都是从古代传下来的(在很大程度上取决于个人的能力而不是技术规程),这对提高农村工业标准化是巨大的挑战。但由于农村工业的产品都是生活必需品,尼泊尔国内消耗绝大部分,富余的产品还可助力旅游业的发展。

尼泊尔农村工业虽然比较落后,但有较好的前景。随着政府强调开发和推进农村工业的重要性,并开始对以农产品为基础的加工业和制造业中的零散工人进行培训。

农业企业涉及的主要产业包括旅游业、服装、食品和饮料、金属制品、水泥和砖生产等,生产和加工的农产品包括牛奶、水牛肉、大米、小米、玉米、豆类、小麦、甘蔗、根作物、黄麻、糖和油籽、草药、香烟、水果和蔬菜等。

豆蔻、姜黄和肉桂是尼泊尔出口的主要香料。种植在特莱地区的扁豆是尼泊尔重要的出口收入来源,在东南亚市场特别受欢迎。

尼泊尔茶被认为是世界上最好的茶之一,欧洲和美国是其主要的出口市场。近几年咖啡种植已经流行起来,其市场份额在国内和海外都有所增长。

三、农产品加工业发展环境

大多数农产品加工业是由没有什么现代管理技能的传统技能拥有者管理的。由于缺乏新的技能、知识和质量管理标准，一些企业面临破产，同时农产品加工业还受到消费产品交易的开放化和全球化的冲击，受影响最大的是中小规模企业，其存在的主要问题如下：

①缺乏技术知识和最优化的加工标准来提高产品质量；

②缺乏能生产出满足市场需求的产品技术工人；

③缺乏能推进农村工业的市场网络，生产者和使用者均不了解传统产品的优势；

④缺乏研究与开发的中心机构来推进和扩大农村企业；

⑤缺乏可以交换农村企业改良信息的地区网络。

综上所述，由于农产品加工缺乏技术、人才以及资金，企业规模小，管理不规范，加之山区交通条件差，农产品的市场竞争力弱，农产品的效益处于相对较低状态。

第五节　农产品质量与食品安全管理

尼泊尔总体的农产品加工水平相对较低，但对食品安全问题很重视，主要由以下的机构实施农产品质量安全的评估与管理。

一、食品技术和质量控制局（Department of Food Technology and Quality Control，DFTQC）

食品技术和质量控制局（下设多个部门）主要负责管理尼泊尔境内食品管制规划，譬如质量控制与标准化、食品检测服务、在食品供应链中检查（调查）食品的质量与安全问题。重点开展以下工作：

①分析食品样本；

②协助食品标准委员会，利用科学数据制定相应的食品标准；

③进行食品检验员培训，并为食品检验员颁发上岗许可证。

食品技术与质量控制部门还为社会提供一个公共的分析平台，进行分析和调查食品，并向食品检查局提供分析报告；此外，还为视察员收集样本，这些样本都来自食品工厂生产的关键环节，通过检测，来检验食品生产工厂的食品安全控制措施是否得当。

二、食品标准制定委员会（Food Standardization Board，FSB）

尼泊尔国家食品标准制定委员会下设理事会，主要职能是在充分考虑食品法典委员会的惯例、科学依据和生产实践的基础上，向政府提出建议修订现有标准；理事会由农业和畜牧业发展部合作社司长担任主席，并由几个部委的代表组成产业与消费协会。

三、中央食品实验室（Central Food Laboratory，CFL）

中央食品实验室被授权按照食品法规检测产品是否符合质量安全标准，基本能检测（用设备检测农药残留、重金属、毒素等）尼泊尔市面上的所有主食商品，也能开展食品分子生物学检测。

第六章

尼泊尔农业贸易与政策

尼泊尔政府积极鼓励农产品出口，除了少数的初级产品外，大部分商品出口免交税，只需缴纳 0.5% 的服务费，这是政府鼓励出口的一项措施。同时，政府通过报税方式免除用于生产出口产品的原料生产环节一切税收。对进口商品要实施税收，主要包括基本关税、消费税和平衡税。

第一节　农业贸易法规与政策

尼泊尔的贸易法律及政策主要包括：

① Export & Import（Control）Act 1957，即《进出口管理法（1957）》，该部法律历经 6 次不同程度的修订，最近一次修订是在 2013 年；

② Trade Policy 2015，即《贸易政策（2015）》，其主要目标是通过提高贸易部门对国家经济的贡献，促进经济发展，摆脱贫困。主要措施包括：为贸易促进创造有利环境，从而提高国际竞争力；加大增值产品出口，缩小贸易逆差；提高贸易产品和服务竞争力，从而增加收入和就业；将国内贸易和国际贸易有机结合，相互补充和促进。

第二节　农业贸易相关政策

一、惠民政策

为更好地向农民提供服务，尼泊尔农业发展部正在计划向农民发放"农民优惠卡"，持卡农民在购买化肥、种子、农具时将享受优惠政策。根据该政策，在南部平原拥有 4 公顷以下土地以及北部山区拥有 1 万平方米以下土地的农民可以

第六章 尼泊尔农业贸易与政策/

获得"农民优惠卡"。作为一项试验性的优惠政策，在尼泊尔全国 5 个发展区中，政府将在每个发展区内选择一个县发放"农民优惠卡"。

二、进出口程序

对商品进口需要报关文件材料，包括进口报关单、提货单、商业发票、装箱单、运输单据、原产地证、保险单、银行出具的信用证复印件或换汇单、公司营业执照复印件、公司缴纳所得税证明及缴纳增值税证明、商检证，以及要求报关行（人）代理的委托书等。

出口需要提供文件材料包括出口报关单、提货单、商业发票、装箱单、运输单据、GSP（出口普惠制国家）申报表、保险单、银行出具的信用证复印件或预付款证明、尼泊尔中央银行印制的外汇申报单、公司营业执照复印件、公司缴纳所得税证明、农产品及植物检验证明影印件、文物管理部门出具的证明（出口具有文物价值的塑像、唐卡、木刻等）、国家公园及野生动物保护管理局出具的证明（出口动物骨头和角类等）、国家生产开发中心出具的向美国、加拿大出口服装的签证证明，尼泊尔工艺品协会出具的出口工艺品和银器的证明，以及要求报关行（人）代理的委托书、运输声明（每车一份）、过境海关申报单和途经印度、孟加拉国到第三国的货物过境运输发票等。

三、关税

尼泊尔进口商品关税因商品种类不同税率也不同，分为 8 个档次，税级分别为 0%、5%、10%、15%、25%、40%、80%、130%。

1. 关税为零的商品

人用疫苗、畜用疫苗、抗血清等免疫药品，电能，未加工羊毛，食盐，未梳理原棉，废纱线，梳理原棉，蚕茧，原木，木柴，木屑，木炭，书刊、报纸、杂志（科技、教育、儿童读物等）等。

2. 关税为 5% 的商品

机电产品类：各类机床、手工具、工农具及零配件，建筑机械，勘探、开采

115/

用机械、重工业机械及配件，轻纺机械及配件，农业机械，医疗器械，研究用器材，成套设备，核反应堆，各类工业模具，锅炉，自行车，传真机。

3. 关税为 10% 的商品

（1）机电产品类：飞机及附件、零部件，人造飞船、卫星，滑翔机，拖拉机（排气量小于 1800 立方厘米），水泵，配电箱等。

（2）纺织类：合成纤维纱。

（3）家电类：电脑，照明灯具，电话机，摄像机，录音机、录像带等。

（4）食品类：牛奶及奶产品，蔬菜，粮食及加工产品、动植物油，糖，咖啡，可可原料，食用香料等。

（5）各种肉类：鲜或冻猪肉、羊肉、鸡肉、马肉、驴肉。

（6）轻工产品类：皮革，合成革，儿童玩具，护肤霜、油等。

（7）工艺品类：草、柳编制品等。

（8）鲜活类：各种活牲畜、水产品等。

4. 关税为 15% 的商品

（1）机电产品类：火车及附件、零部件，发动机，发电机，船舶，拖拉机（排气量大于 1800 立方厘米），雷达等。

（2）医疗类：医药品等。

（3）家电产品类：黑白电视机，麦克风，喇叭，电风扇，空压机，电冰箱（柜），热水器，音响，微波炉，收录机，收音机，印刷电路，钟表，照相机，卫星接收器及卫星天线，（手、电动）打字机，婴儿推车，各类汽车零部件等。

（4）轻工产品类：美容、化妆品，皮革制品，人造革制品，木制品，玻璃制品，纸张，雨伞等。

（5）纺织产品类：丝绸织品，麻织品，合成纤维织物等。

（6）文体办公用品类：各类乐器，体育用品，办公用品等。

（7）化工产品类：天然气，沥青，染料，炸药和橡胶制品等。

（8）光学精密仪器产品类：各类光学精密仪器产品。

（9）水果类：各种干鲜水果、籽仁等。

（10）肉类加工产品：香肠，腊肉，干、咸水产品等。

（11）建材类：水泥，沥青毡等。

5. 关税为 25% 的商品

（1）机电产品类：14 座以上的大客车及中巴车，各种吨位的自卸车，工厂仓库用货车，各类军用车等。

（2）家电产品类：空调器（机），录像机，家用洗碗机。

（3）轻纺产品类：服装，袜类，帽类，地毯等。

（4）食品类：加工过的各类食品，饮料等。

（5）日用品类：家具（塑料家具除外），化妆品等。

（6）化工类：各种化肥等。

6. 关税为 40% 的商品

干、咸螃蟹，蔗糖，各种饼干及烤面包，意大利面食，各种果汁、蔬菜汁，矿泉水，葡萄酒，火柴，电池，彩色电视机，电视投影仪，塑料家具，各种肥皂、卫生纸、洗涤剂，塑料制品，润滑油，机油脂，各种鞋类，油漆，钢筋，电镀金属板，货车（两座位）、摩托车，马赛克，大理石、花岗岩板材等。

7. 关税为 80% 的商品

机动三轮车，客货两用车（两座位以上），各种军火等。

8. 关税为 130% 的商品

烟草，14 座以下的小汽车、面包车、高尔夫球车等。

大多数进口商品须由海关征收 13% 增值税，处方药、基本需求杂货、医药设备和农业产品免除进口增值税。

第三节　与中国的农产品贸易状况

一、中尼贸易概况

1955 年 8 月 1 日中尼建交后，两国政府先后签订贸易、经济技术合作、避免双重征税和防止偷漏税等协定。1983 年 10 月成立中尼（泊尔）经贸联委会，首次会议于 1984 年在北京举行，截至 2014 年已召开了 11 次会议。1996 年中尼成立民间合作论坛，由两国工商联主办，截至 2017 年已举行 14 次会议。

中国西藏自治区同尼泊尔自 1962 年起开展边境贸易（主要通过樟木口岸进行），尼泊尔是中国西藏自治区最大的对外贸易伙伴。2011 年前 8 个月，中国西藏自治区同尼泊尔的进出口总值为 4.2 亿美元，同比增长 64.2%，尼泊尔是中国西藏自治区最大的出口市场。2019 年 1 月，对尼贸易总值达人民币 3.33 亿元，比上一年同期增长 50.3%。

二、中尼农产品贸易格局

中国从尼泊进口初级农产品、皮制品、地毯、茶叶、面粉以及其他手工艺制品。中国改革开放 40 多年来，随着农业及其加工业的发展，农产品具有较大的市场优势。而尼泊尔仍是一个以农业为主的国家，目前正处在向工业化过渡阶段，这就导致两国存在贸易结构、进出口产品构成的差异。但同时，两国产品又存在较强的互补性，致使双方存在较大的贸易潜力。

三、对华农产品出口

中国从尼泊尔进口的商品主要有手工地毯、皮革、金属制品、木制产品、佛饰用品、大米、小麦粉、小电器等。对尼泊尔出口商品主要有计算机、通信技术产品、仪器仪表、地毯用羊毛、服装、塑料底鞋、藏式瓷器、唐卡画像、藏茶、藏香等。

第七章

尼泊尔农地制度与金融保障

第一节　尼泊尔农地制度

一、土地所有制

在 2008 年以前，尼泊尔实行土地所有制，土地归国王和大地主所有，大量农民沦为债务佃农，社会不平等现象极为严重。时任新政府（毛主义）执政以后发起了土地改革，着手制定新的土地法，主要目标是：没收王室和地主的土地，分配给穷人，彻底消灭封建王朝的经济基础；通过土地改革，解决农民的贫困问题；运用革命的权威取消国王在土地等方面的政治特权，推动土地改革；耕者有其田是土地改革的基本原则。

二、外资土地登记制度

按照尼泊尔外资法规，外国投资者在尼泊尔投资可以通过以下两种途径获得土地。

1. 在工业区投资获得土地

在工业区管理有限公司管理的 11 个工业区内，政府管理部门以合理价格提供可开发的土地和厂房等配置资源，外国投资者可向该公司申请在工业区内投资获得土地。

2. 在工业区外获得土地和厂房

投资者可自行在工业区外找地盖厂房，但限定于可以建立特殊企业的地区；外国自然人不得拥有土地，不得以个人名义建设厂房，须在公司到注册办公室注册后，购买土地和以公司名义建设开发；可通过当地房地产商买卖土地，当地的合伙人、协会也可以提供帮助。得到土地后，须到当地土地税务局办公室注册。

备注：更多投资法规信息可参见：《"一带一路"之尼泊尔投资法律规则与实践（下）》(http://world.xinhua08.com/a/20150603/1507476.shtml)。

三、农业发展政策

作为尼泊尔最大农牧业研究机构，NARC 针对国家的政策也制定了部分内部细则，包括作物资源、家畜资源、水产养殖、自然资源等管理与发展。主要的领域包括以下几个方面：

①确保国家研究议程和资源分配反映农村社区和农业企业家的需求，并使农产品、牲畜和自然资源研究充分调动参与和协作的利益相关者，包括农民和农业企业家，尤其注重资源贫困的农民、小企业家和偏远地区；

②促进公共部门（包括政府部门、大学系统）、非政府组织、私营部门、公司、合格的个人以及内外潜在服务伙伴的积极参与；

③调动国家和国际资源，以促进对农业的研究；

④实施、联络和协调，促进精简国家研究议程，确定优先次序和分配资源趋向于富有核心竞争力的研究计划；

⑤鼓励发展多元化的区域研究和开发能力，特别是在农业、畜牧和自然资源方面；

⑥制定合理的机制，把适当的农业技术转移给农民和其他用户，并确保交付机构在公共、私营部门以及民间社会的各种技术之间的恰当协调。

尼泊尔农业研究委员会（NARC）和尼泊尔农业暨合作部（MOAC）、国家计划委员会（NPC）都有密切合作。NARC 直接参与制定上述的某些农业政策，并在设置研究计划中践行这些政策。

第二节 尼泊尔农业组织

自 1995 年开始实施农业展望计划以来，尼泊尔农业部门在若干福利和发展指标方面均取得了进展。例如，人均收入和农业劳动生产率有所提高，贫困人口有所减少，营养不良现象有所下降。公路网络已经大大扩展，灌溉系统也增加了。几乎所有的农业分部门（作物、牲畜、渔业和林业）在生产和生产力方面都取得了进展。然而，这些部门还是处于低发展阶段，包括劳动生产率、生产率差距、贸易和竞争力、贫困和营养不良以及基础设施在内的一些指标表明了这一点。一些部门显示出对农业发展有明显的带动性活力，但总体而言，尚不足以使大量仍然从事农业的人口摆脱贫困、减少营养不良现象并确保国家的粮食安全。

近年来，尼泊尔政府提出了一项新的农业发展战略。战略制定者们宣称这将塑造尼泊尔的未来，并在 2035 年之前使尼泊尔至少步入中等收入国家。

第三节 农业金融系统保障

尼泊尔的金融系统包括银行、非银行部门和非政府金融组织。银行部门由尼泊尔 Rastra 银行（NRB）作为中央银行和商业银行构成。非银行部门是指 NRB 授权的金融机构（包括开发银行、金融公司、小额信贷发展银行、合作金融等机构）。非政府金融组织包括保险公司、公民投资信托、邮政储蓄、雇员公积金、尼泊尔股票交易所等从事银行活动的机构。这些金融系统为农村社会保障提供了有力支持。

一、社会保障

关于尼泊尔的社会保障和保护，主要涉及以下三个方面：

①发展领域的社会保障服务；

②有组织行业的社会保障；

③临时社会保障计划。

二、卫生领域

①自由上市医疗机构基本医疗服务，村级诊所服务；

②分娩补贴（以确保孕产妇和儿童的健康）；

③不同时间对贫穷和边缘化人群的其他补贴（即自由肾移植、透析，心脏手术和瓣膜更换，全民健康保险条款等）。

三、教育领域

①幼儿至中学阶段的免费教育；

②女性教育、培训教育等；

③对所有 Dalit（达利特）人和未满 12 周岁女孩提供教育资助奖学金、学校免费餐、免费教育等；

④其他边缘化社区享受特定目标的项目来提高他们的生活质量。

第八章

尼泊尔农业研发、教育与技术推广

在尼泊尔整个科研运作体系中，负责政策与协调的部门包括国家科学技术部、农业和畜牧业发展部及环境部，这三个部门互相协作制定国家科学计划等宏观决策。

第一节 农业研发机构

尼泊尔农业科学和技术研发部门包括尼泊尔科学技术研究院、尼泊尔农业研究委员会（NARC）、大学、国际非政府组织（INGO）、国际农业研究中心（IARS）等单位，针对上级部门提出的宏观政策或要求，开展技术研发工作；技术初步形成后，交由 NARC 下属的研究站或推广站、区农业发展办公室、非政府组织（NGO）、社区组织（CBO）等部门，进行小范围的试验、验证、评估该技术是否适合大规模推广；若评估结果理想，则通过推广示范点、区农业发展办公室（DADO）、区家畜服务办公室（DLSO）、农业家畜服务中心、非政府组织、合作社等多个部门进一步扩大规模推广，最终将技术落实到农（牧）民层面（图8-1）。

作为尼泊尔最大的农业科研机构，NARC 内部的科技管理体系具有一定的代表性。NARC 总体分为两大部门——政务会和执行局。政务会是专门研究农业政策的机构，由十六个成员组成的政务会主持农业发展部门，其中执行主任担任该政务会的成员秘书；而执行局由八个成员组成，贯彻和执行政务会批准的项目，这些项目主持人则为执行局的秘书（图8-2）。

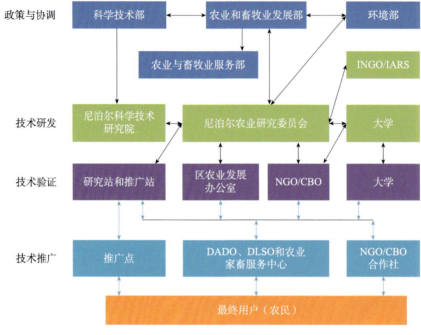

图 8-1　尼泊尔科研管理体系

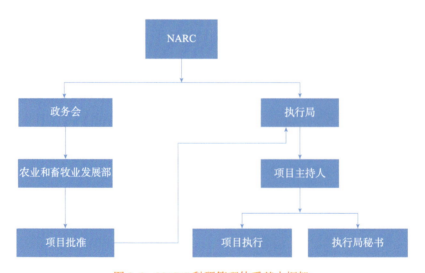

图 8-2　NARC 科研管理体系基本框架

　　NARC 隶属于尼泊尔农业和畜牧业发展部，完全自治，农业和畜牧业发展部部长同时也兼任 NARC 的主席。NARC 下设的其他研究单位根据农业生态条件分布在全国不同区域（图 8-3），并归其管理，并定期向 NARC 汇报项目进展和成果。

图 8-3　尼泊尔农业委员会研究站分布图（图片来源于 NARC）

第二节　农业科技发展水平和重点领域

NARC 为了契合国家的农业战略目标，围绕农业生产重点领域，拟定了五大专题发展领域：

①作物和园艺领域；

②家畜和渔业领域；

③自然资源管理和气候变化领域；

④生物技术领域；

⑤技术推广领域。

以上领域彼此交融补充，以解决尼泊尔农业中比较富有挑战和多变的问题。这些专题领域开发的研究方案也是动态和综合的。例如，自然资源管理和气候变化将直接影响作物和家畜研究计划的制定。

一、种植业科研发展动态

尼泊尔地处喜马拉雅地区，是世界上对气候变化最敏感的地区之一。每年的大部分降水都集中在雨季的三个月（7—9月）里，现在气候变化甚至使一些地区干旱季更长，降水量也开始下降。有的地方的农民开始收集生活污水用来浇灌耕地，少数有经济能力的农民打水井灌溉，但由于农业活动中农药使用量的增加，导致水井水质中硝酸盐和磷酸盐等含量升高。

除了种植业常规科研外，为应对全球气候变暖的影响，尼泊尔种植业科研方面也开展了这些方面的研究（图8-4）。例如，尼泊尔科学家研究出一种高产芳香型大米，取名"Sunaulo Sugandha"，已由国家种子局正式发布。该大米已经推广在雨水充沛和灌溉条件较好的平原、丘陵以及海拔500米左右的地区种植。参与研究的科学家表示，这种大米每公顷产量高达5500千克，对叶瘟和穗瘟疫病抵抗力强，穗大、易脱粒，质量高，味芳香。

图8-4　田间试验模拟全球气候变暖对作物物候期及各项生产指标的影响

随着尼泊尔城市化进程的推进，农业正从自给自足走向商品化，而商品化意味着使用的化肥和农药更多。由于相关知识的缺乏，大部分农民都会过量使用农药和化肥，且过量施用已成为普遍的问题。

气候变化对不同区域的影响尚难准确评估，但常规农业比有机农业多消耗30%～40%的水。国际有机农业运动联盟（IFOAM）发布数据称，有机农业增加土壤有机质含量和土壤覆盖率，从而可以防止养分和水分流失，使土壤更能抵抗水涝、干旱和土壤退化的压力，有利于农业种子保护和作物的多样性，从而增强作物对病虫害的抵抗能力，有助于维持农业生态系统平衡和提高粮食产量，并能降低生产成本，从而使农业生产风险最小化（图8-5）。

图8-5　探索不同比例 N、P、K 配方对土地和作物的影响（试验始于 1978 年）

尼泊尔政府已经意识到农药的问题，某些地区的政府在推广害虫综合治理，以减少化学杀虫剂的使用。政府也提供资金支持，支持一些生物技术公司专用城市厨余垃圾做有机肥。针对那些做有机农业的农民，政府承担他们一半的农具成本。非营利组织成立商业化农业联盟、尼泊尔种植学院等机构也在开展可持续农业研究。

值得注意的是，虽然据《喜马拉雅报》（Himalaya）报道，尼泊尔的化肥进口量在持续上升，但另一方面，尼泊尔并未放弃有机农业，有机肥市场需求在持续增长，从 2013 年的 100 吨上升到 2015 年的 500 吨。但是，有机农业存在市场不成熟、规模小且大部分农民缺乏议价能力和生产动力等问题。

二、畜牧业科研发展动态

畜牧业对尼泊尔农业生产和经济贡献不及种植业，但是在国民营养和脱贫方面起着重要的作用。因此，对畜禽的研究从资源评价与保护、品种选育与改良、繁殖与幼畜培育、饲料与饲养、动物健康、生物技术等领域持续性地开展了研究与技术开发，积极支撑畜牧业健康发展。

目前在家畜研究方面，尼泊尔较为活跃的研究领域包括以下几个方面。

1. 奶牛研究

针对奶业，重点开展了奶牛遗传资源（Achhami 等品种）的保护和推广；运用奶牛管理软件，评估其繁殖率和产奶性能；应用放射免疫分析技术的黄牛、水牛进行早期妊娠诊断；奶制品清洁生产技术，降低牛奶生产成本的策略研究；肝片吸虫病控制方法研究；抗细菌病原菌的鉴定、防治乳腺炎有效控制策略的建立以及牛奶替代品研发等研究。

2. 绵羊研究

重点开展了绵羊（Bhanglung、Baruwal、Kage 和 Lampuchre 等品种）遗传资源的分子特征研究，进行遗传数据分析；羊遗传资源保护与建档；Angora 羊毛质量的提升等研究。

3. 山羊研究

研究山羊饲养的模式与技术；研究山羊的全年饲草种类、产量需求等；开展针对波尔山羊和莎能山羊的研究。

4. 水牛研究

重点包括水牛育肥、商业化生产研究；诊断和控制水牛临床和亚临床型乳房炎研究；热带血液原虫病动态分布及防治等方面的研究。

5. 猪与禽类

重点开展了猪和家禽父本母本库的维护；黑皮猪的相关研究；火鸡与鹌鹑优良群体的评价与维护；鸡（Giriraja 品种）不同舍养管理的比较性研究；商品化后院养鸭的养殖系统中鸭品种的研究；采用去势加值的方法对本土鸡品质进行改进；家禽羽毛粉在商品家禽饲养中的评价；肉蛋兼用的禽类养殖在农村的推广等。另外，还开展了产肉或产绒的不同品种的兔子保护和利用研究。

6. 饲料与动物营养

包括营养对泌乳家畜的产奶性能的影响；谷类麸皮和柱花草补饲山羊降低生产成本的研究；蔗梢青贮对水牛产奶性能的影响；山地和平原地区饲草营养化学成分评估；高产奶牛补充绕道蛋白的反应；药用尿素糖蜜矿物颗粒饲喂山羊的效果；不同等级的油籽饼对山羊产肉性能的影响等方面的研究。

7. 动物健康

围绕畜禽养殖重点疾病防治，开展了病毒性传染病研究；家禽细菌性疾病研究；低致病性禽流感（H9N2 亚型低致病性禽流感）的监控；对梨浆虫致病的牛及其控制措施的研究；家禽粪便中人畜共患重要沙门氏菌的研究；对 NDI-2 新城疫苗在农村鸡预防热稳定性的评价。

8. 草地和牧草研究

尼泊尔农业中，草业为畜牧业服务。除了天然草地研究外，更多的是人工草地的研究。近年来重点开展了燕麦品种（Netra、Kamadenu、Gadesh、Parbati、Nandaini 和 Amritdhara）、黑麦草品种（Dhunchem、Barseem- Green gold）和白三叶品种（Pyauli）引进试验和选育；不同饲草品种评价；饲草生产技术开发（以达到全年供应的目的）。

三、渔业科研发展动态

目前研究重点主要集中在开发本土鱼（Sahar 和 Gardi）的养殖潜力与繁育；本土和外来观赏鱼类商业化养殖技术改进；通过强化养殖，提高 Kali Gandaki 的渔业管理；通过改良鲤鱼遗传物质，实现高效养殖；植物源蛋白替代鱼粉对鲤鱼经济效益的影响；贫瘠水域中笼养鱼补饲技术的发展；提高鱼苗存活率技术；在混养系统引入极具潜力的外来鱼类（Tilapia 和 Pangasious）池塘养殖生产率提高；利用一些技术提高贫瘠水域的鱼类生产力；药用衍生物对水产动物疾病预防和治疗的疗效研究；高生产力的鲶鱼（Clarias sp. 和 pangasiussp 的杂交）提高幼虫的存活率技术；通过加强天然湖泊孵化能力，提高本土鱼类生产力；鳟鱼的遗传改良与低成本饲养；不同沟道设计对鱼生产率和废水管理的评价；鲤鱼后期制种及集约培育技术进展；优质鱼子和餐桌鱼生产加工等领域。

四、农机科研动态与相关政策

尼泊尔农业工程部（AED）正在致力于研究合适的技术来发展山区机械。在小麦播种前准备中小型机械耕作较传统耕作效率大幅度提高。AED 还引进了玉米种植机械，使玉米耕作过程时间变短，效率提高。但是，由于基础设施薄弱、地块小、地形复杂以及多用途、低成本机械的紧缺等，尼泊尔山区机械化发展缓慢。

同时，其他的研究计划、教育、NGO 组织也有各自明确的研究方向：

① Tribhuvan University 带头实施的机械改造项目，主要改进烹调用火炉、太阳能干燥器；

②农业机械指挥部，主要开展农机推广工作；

③位于 Dharan，隶属于机械研究所的 Purbanchal Campus，主要承担培养机械制造的研究生，并通过学生的研究来革新农机技术；

④替代能源推广中心（AEPC），主要推广可再生的能源技术，包括改进烹调用火炉、生物燃气、微水电、太阳能技术（光电池、烘干机等）；

⑤农业发展银行（ADBN），用于农机放贷，主要资助拖拉机、抽水机组、磨粉机等；

⑥国际发展计划（IDE，隶属 NGO 组织），推广小型灌溉和脚踏泵；

⑦农业能源发展计划（REDP），推广小型水电等；

⑧小型灌溉和占领市场计划（SIMI），针对小农场主，营销小型灌溉机械。

五、加工技术研发动态

尼泊尔农产品加工业基础薄弱，规模较小，机械化水平低，发展缓慢。主要有制糖、纺织、皮革制鞋、食品加工等，还有一些农村手工业和手工艺制造业。农业生产一直得到政府的支持，但其生产方式仍较为落后，加工水平较低。制造业发展一直缓慢，其主要由地毯、服装及手工业行业构成。发展农产品加工业，把产业链、价值链等现代产业组织方式引入农业，对提高人民群众生活质量和健康水平、保持经济平稳较快增长发挥了重要作用。在过去几年内，农产品加工业已显示出强劲的增长势头。

1. 农产品加工业现状

尼泊尔的农产品加工业有蚕丝业、畜产品加工、蜂产品加工、水果种植加工业、蔬菜加工业、家具业、农具业等。农产品加工制造企业有 18000 多家，但

92% 以上为 10 人以下的小企业（200 人以上的企业仅占 0.3%）。在农村工业中，妇女是主力。随着农村工业经济范围的扩大，传统生产技术依然是主体，这对提高农村工业标准化是巨大的挑战。

2. 农产品加工业存在的问题和制约因素

调查表明，大多数农产品加工企业是由没有多少管理技能的传统个体户管理的。由于缺乏相关技能和专业知识以及质量管理水平较低，致使一些企业面临低效益甚至破产，而且农产品加工业还受到消费全球化的影响，大量的中小规模的企业存在以下主要问题：

①缺乏技术、知识和最优化的加工标准来提高产品质量；

②缺乏能生产出满足人民需要产品的技术工人；

③缺乏能推进农村工业的市场网络，生产者和使用者均不了解传统产品的优势；

④缺乏研究与开发的中心机构来推进和扩大农村企业；

⑤缺乏可以交换农村企业改良信息的地区网络。

随着中国"一带一路"倡议的开展，尼泊尔农业加工业需要抓住互联互通这个关键环节，聚焦经济合作特别是基础设施建设，契合中国和尼泊尔发展的需要。把中国发展同尼泊尔发展紧密结合，把各自发展战略和合作规划有机对接，扩大地区投资和内需，增加就业，减少贫困，从而带动提升尼泊尔地区整体发展水平。

第三节　农业规划及政策

一、尼泊尔农业规划（1997—2017 年）

农业规划（Agricultural Perspective Plan，1997—2017 年）是尼泊尔政府在农业方面采取的主要策略计划，主要执行者为尼泊尔农业暨合作部（The Ministry of Agriculture and Cooperative，MOAC）。

1. 重点规划领域

（1）食品安全。水稻生产面积达到 160 万公顷（水稻占整个粮食生产的

50%），玉米生产面积为 85 万公顷，小麦生产面积为 66 万公顷，马铃薯生产面积为 20 万公顷。

（2）农业商业化。促进商业多样化，提升出口潜力。

（3）可持续开发自然资源（图 8-6）。

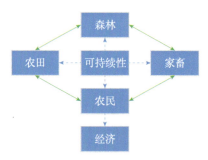

图 8-6　可再生自然资源的共存与互补

2. 农业投入关键点

（1）土壤肥力。2017 年耕地面积上化肥的施用量是 1997 年的 6 倍（据 NARC 2014/2015 财年年报数据计算，耕地面积上化肥的施用量达到 34.10 千克/公顷）。

（2）灌溉。从 27% 增加到 50%（按总农业用地面积计算），平原地下水丰富区域优先。

（3）改良种子（具体政策见本章第四节）。

（4）技术（农业科技）。

（5）基础设施建设。农村电力覆盖和农村道路铺建。

（6）补贴。参考了世界上其他国家的政策，补贴将逐步取消。

二、气候变化与农业政策

综合联合国气候变化框架公约（UNFCC）与政府间气候变化专门委员会（IPCC）的指南，尼泊尔提交了应对气候变化方面的初步研究（2002 年 10 月），并以项目建议书的形式提交给世界气象组织（WMO）；随后，在尼泊尔不同的农业生态区建立了 25 个农业气象观测站，大部分位于 NARC 下属的研究单位所在区域。

气候变化与农业政策下的项目将在区域水平上提供天气和相应的农业信息，并建立相关模型，为农业生产和宏观决策提供服务。为了取得更好的效果，成立了核心委员会，成员由农业气象专家、农业专家、水利专家和其他相关领域的专家组成，作为区域顾问。

三、NARC 目前的科研导向

科研政策导向性的研究是尼泊尔政府希望解决的目标，即减少贫困、保证食品安全和加快农业商业化进程。同时，也强调了农业研究能够提供更灵活的农业生产环境，与成果推广同等重要；研究计划的设置在保护自然环境资源的前提下，也完全符合国家宏观政策。主要的科研政策导向如下：

①研究本土物种的生物多样性，可以用于改善某些作物品种的管理、保护和利用；

②新品种或杂交作物、改良的家畜（包括鱼类）品种有可能提高产量，抵御干旱情况，为尼泊尔国民提供更多营养农产品；

③新农业措施将更大限度利用水资源，以获取更多的作物；

④引进更高价值的作物将有利于农民开拓市场，特别是生产生活在高山区域的农民；

⑤对病虫害的研究比重增加，有利于作物保收。

四、科研管理、任务设定及资源分配

NARC 在研究计划过程中遵循自下而上和自上而下的融合方法。自下而上的方法是通过农民、推广人员、非政府组织机构和其他研究机构参与区域规划研讨会和区域技术工作组会议（Regional Technical Workgroup Conference，RTWC）。NARC 已经制定了准备研究计划的准则，其中明确提到，提案应主要致力于实现国家相关计划［包括已经完成的三年过渡计划（Three Year Transition Plan，TYTP，2007 年 8 月至 2009 年 10 月）］的目标，并遵循国家农业政策，以及国家提出的宏观愿景指导方针等。

NARC 的重点研究项目符合国家的总体目标，即通过广泛的、包容的、可持续的农业增长来缩小贫富差距。从国家层面已明确的重点项目或研究领域如下：

①主要的粮食作物：如大米、玉米、小麦和马铃薯；

②副食作物：如大麦、荞麦、小麦和苋菜；

③富有潜力的商业作物：如苹果、柑橘、芒果、香蕉和蔬菜；

④经济作物：如大豆蔻、姜、姜黄等香料；

⑤产业作物：如茶、咖啡、黄麻、甘蔗、棉花、向日葵和麻风树（生物燃料）；

⑥专业商品：如丝织品、蜂产品、花卉、菌类和绒毛等；

⑦高价值低产出产品：如藏红花、枸杞、草药等；

⑧渔业：包括冷水鱼与温水鱼；

⑨奶用家畜：如水牛、奶牛和牦牛（因在尼泊尔文化中牦牛和黄牛一样，当地人不吃黄牛肉，故牦牛作为奶用，与我国将牦牛主导用途为肉用有差异）；

⑩肉用家畜：如禽类、山羊、绵羊、水牛和猪等；

⑪农业和农业加工生产中能源动力供应来源研究：如役用动物、太阳能、生物柴油和农业废物利用等。

第四节　知识产权保护政策

版权是赋予创造者的权利，它包含一系列的权利。在尼泊尔，文学、艺术作品等都受尼泊尔《专利、设计和商标法》（1965 年）和《著作权法》（2002 年）保护。

尼泊尔专利、设计和商标法中，"专利"规定为与任何新材料或组合材料加工、制造、操作或传输的有用的新方法（发明），或者基于新理论或公式而来的新发明；"设计"规定为以任何方式制造的任何材料的形状；"商标"规定为任何公司、个人在其产品或服务中使用的文字、符号、图片或其组合，以区别于其他产品、服务的商标或符号。

此外，据 NARC 提供的资料，尼泊尔还有《版权法》（2002 年）、《版权保护细则》（2004 年）、《种子法》（1988 年）、《种子条例》（2013 年）等政策法规，农业科研成果同样受到这些法律的保护，凡有人抄袭，则触及法律；其他人想应用这些成果，必须要注明出处。

一、专利保护政策

（1）依照专利法，专利申请人进行注册登记，取得专利权，则受本法保护。

（2）根据专利法注册的任何人的专利，在未经专利权人书面许可的情况下，不得复制使用，否则将被罚款，相关产品等会被没收。

（3）任何人注册的专利，可以作为"动产"形式，以任何方式转让给任何其他人。

二、专利转让利用政策

（1）在任何情况下，专利权人转让自己署名的专利，需向相关部门提交申请，将自己的名字剔除，并在该专利下署名受让人。

（2）在任何情况下，任何人按条款提出专利转让申请，相关部门将以通知的形式告知该专利下的所有发明人，若任何发明人对受让人或其他事宜有异议，均可在 15 日以内提出；如果发明人提出异议，且有必要确定双方当事人中的哪一方享有专利权时，则该专利的转让行为终止，直至法律裁决结果公布；如果发明人没有提出异议，转让就按照申请中的要求生效。

（3）申请专利转让的人，应当按照约定的金额支付申请书、转账手续费。

三、农业领域的种子政策、遗传资源开发利用政策等

1. 种子政策

种子政策（1999 年）和《种子法》（1988 年）及其修正案（2008 年）为种子生产中私营部门的增长提供了动力，随后种子繁殖和推广销售业在尼泊尔兴起。近年颁布的《种子条例》（2013 年），保护了农民和育种家的权利，包括为

他们在增加粮食产量方面的贡献提供奖励的条款。知识产权（Intellectual Property Rights，IPR）提供了开发新品种和商品化种子生产和分配激励机制，这可以为市场细分增加投资提供依据，但知识产权的引入会减少农户和农户之间的种子交换。

2. 保护本土遗传资源的可持续利用

目前尼泊尔超过90%的种子由非正规部门提供，其中包括当地种子储蓄、外汇和地方采购。然而，据调查，许多本土遗传资源濒临灭绝。但这些宝贵的遗传资源对未来发展至关重要，且多样性的保护和管理也有助于保障种子安全和提高边缘地区农民生活水平，特别是在种子系统不能很好运作的山区。因此，需要制定明确的方案和政策，来加强农民和其他利益相关者对这些珍贵遗传资源的保护和可持续利用的能力。

《植物品种保护和农民权利法案》（2005年）可平衡农民和育种者之间的权利，促进投资者（特别是私营部门）对植物育种、研究投资和技术转让等方面的投资；此外，其目的是保护农民和社区在遗传资源方面的权利，这将促进农场种子的保存和当地种子在社区的置换。

四、其他

针对已形成的农业技术，尼泊尔农业专家会发布这些技术，并以期刊、著作、小册子等形式，交给农业技术推广人员，再由农业技术推广人员把技术传授给农牧民，这些技术也为农牧民所用。但据尼泊尔《著作权法》（2002年）解释，所有权归相应的作者，直至作者去世后五十年；若有多个作者，直至最后一名作者去世后五十年。

在尼泊尔，只有NARC有权发布（动植物）品种。如果一个品种被NARC发布，则没有人能再更名。农民只能利用种子，也可以在技术人员的监督下自己制种，但是不能更名再注册。

第五节　农业科技重点研发计划

尼泊尔国家农业研究委员会按照国家农业发展的需要，除了对本土作物品种和畜种遗传资源的评价、保护以及合理利用研究外，还设立了重点领域的科技研发重点项目。

国家作物品种的改良项目重点研究利用分子标记开发抗锈病小麦品种、硬粒小麦品种，开发能够耐受生物和非生物胁迫的豆科植物品种，主要作物杂交品种培育等内容，力争从良种和良法上提升农作物产量和品质。

国家玉米研究项目，重点关注玉米种子生产、高产品种的选育与维护，改良玉米基础种植制度，以保障尼泊尔人民的粮食、饲料、营养安全，创造就业和改善农民生计。

国家水稻研究项目，重点研究培育和推广抗生物和非生物（寒冷、干旱、水涝、高温）胁迫性的品种和技术，利用分子标记技术开发抗稻瘟病品种以及一些引进品种的适应性研究，以推动国家水稻高产优质发展。

国家奶牛研究项目，重点研究牛奶清洁生产技术、降低牛奶生产成本的策略研究、提高繁殖和牛奶生产性能、利用放射免疫 RIA/ EIA 技术对牛和水牛进行早期妊娠诊断、奶牛口蹄疫接种牛血清状况研究、肝片吸虫控制技术的研发、鉴定耐药细菌病原体并制定有效的控制策略以对抗乳腺炎等领域。

在水牛方面主要是商业肥育公水牛牛犊，以提高肉类生产以及热带血液原生动物疾病动态及其防治研究。

国家羊研究项目，包括绵羊和山羊两个领域，重点开展基于不同养殖规模的羊的育种、营养、健康以及生产管理、山羊饲料研发、布尔山羊杂交改良当地山羊以及奶用山羊的培育等，山羊肉普遍受当地人的喜爱，所以对肉用山羊的研究和生产较为重视。

国家猪和家禽研究项目，重点包括猪和家禽不同品种的选育和养殖技术研究、猪和家禽的营养需求，商品鸭和庭院养殖鸭品种的选育与生产等。鸡肉是尼泊尔群众保证营养的最基本的肉类，平原地区和丘陵地区都养殖鸡，当地资源较丰富，大多为兼用品种。

同时，尼泊尔也很重视家畜健康问题，重点开展了对传染性病毒疾病的研究、家禽细菌性疾病的研究、低致病性禽流感（LPAI）H9N2 亚型监测、鸡新城疫病预防新疫苗 I-2 的热稳定性评价、后院家禽中重要的人畜共患沙门氏菌的研究等。

另外，尼泊尔农业研究理事会在博卡拉（Pokhara）建立了渔业研究站，并开展鱼类品种引进和选育，优质鱼类品种的遗传改良、养殖方式和技术研究，观赏鱼商业化育种等研究，以提高水产生产力和总产量，为当地人特别是那些依赖湿地的贫困社区人们解决生计问题。

第六节　农业教育与农牧民培训

一、农业教育

尼泊尔农业教育方面可以分为两类，一类是大学的教育，可获得农学学位，另一类是技术学院，提供短期或长期的农业及相关领域的培训项目。2012年，农业方面的毕业人数为250人，兽医方面的毕业人数为70人，林业方面的毕业人数为80人；截至2013年，有3500名农业院校（大学）的毕业生在尼泊尔工作。

尼泊尔有12所大学，其中只有3所提供农业或农业相关领域的学位，分别是农业与林业大学（Agriculture and Forestry University，AFU）、特里布文大学（Tribhuvan University，TU）和普尔班查尔大学（Purbanchal University，PU）。

同时，政府修改了学校第九年级和第十年级的课程，开设了"农业"必修课（以前是选修），并且为了提高农业从业者的技术水平，这两个年级的学生顺利通过农业课程（课程提高了实践应用的比例，实践学习和理论学习的比重达到3∶2）后，将被授予初级技术员（Junior Technical Assistant，JTA），以此来激励学习和实践农业。目前在尼泊尔75个区里面，有48个区的政府学校开设了JTA项目。

二、具体技术推广和服务调研

基于其农业推广体系框架，尼泊尔农业技术转化方面主要通过科技培训、科技服务、出版物宣传、媒体宣传等途径。

通过调研NARC下属发展较成熟的工作站或研究计划，其技术成果转化和服务情况具体如下。

1. 农业工程部（Agricultural Engineering Division，AED）

该部门每年年初召集地方农牧站工作人员、本单位的科技人员，召开为期三天的会议，集中讨论问题（基于农户的调查问卷）。2014/2015 财年展开了关于"激光测平整地技术""免耕技术""改制的金属犁技术推广"等培训，培训近 20 天。同时，该部门还提供咨询服务，主要面向农民、企业家、推广人员；学生也可访问 AED 学习农业工程技术。

2. 植物病理部门（Plant Pathology Division，PPD）

强化自身能力建设。2015/2016 财年，该部门接受了来自美国和印度科学家的培训，培训内容是关于"病毒的诊断和管理技术"以及"植物病虫害的综合防治技术"。

推动技术培训转化。2015/2016 财年该部门的技术人员开展了关于"真菌、细菌、病毒和线虫管理"和"不同菌类培育技术"培训工作。

向农民开放技术诊断服务工作，并提供相应的种植建议，该财年共计 131 名农民和 333 名学生参加并接受相应的技术服务和学习。

3. 区域农业研究站（Regional Agricultural Research Station，RARS）

加强自身能力建设。RARS 派遣他们的工作人员参与本国或国际培训，提升自身能力。2015/2016 财年，委派学习人数 12 名，培训天数累计 213 天，培训地点为尼泊尔本国、中国、日本。RARS 每年与数以千计的访问者交流农业技术，并开展合作。

推动技术培训转化。在该研究站所处辖区的不同村庄，设置相应的村级工作站，村级工作站协助诊断最新的农业方面的问题反馈给研究站，研究站根据问题重要性，筛选并展开研究。2015/2016 财年，RARS 召开了三次工作检查会议，检查技术实施具体情况。

同时，RARS 面向农业企业、农民（技术终端用户），甚至学生，提供咨询服务，包括种子、土壤测试、疾病诊断等。

RARS 开发的实验室包括生物技术实验室、土壤科学实验室、昆虫学实验室、植物病理学实验室、兽医实验室等。

4. 山羊研究站（Goat Research Station，GRS）

该站的重点工作是疫病防控并提供相应的药物，主要疫病包括内寄生虫、肺炎、球虫病、寒泄、中毒、呼吸道疾病等。诊疗方式根据距离的远近分为走访式和电话咨询。

推动技术培训转化。2015/2016 财年，该研究站开展了两期共计 25 天的培训，皆是关于"山羊养殖技术"。一期培训 15 天，主要侧重于山羊饲草选择、饲喂和棚圈卫生等基础知识；二期培训 10 天，主要侧重于技术方面的培训，尿素糖蜜等舔砖技术、山羊生产技术、山羊饲喂、草地管理、山羊保健等技术，内容相较于第一期更为专业。

该站也对外免费开放咨询。2015/2016 财年，共接待 8006 名访问者，其中农民或学生 7560 名，企业代表 215 名，农业技术推广工作者 95 名，NGOs/INGOs/CBOs/ 国外访问者 136 名。

5. 国家奶牛研究中心（National Cattle Research Program，NCRP）

2015/2016 财年，该中心没有培训或研讨会的项目，所以没有开展培训工作，但技术服务工作仍在进行，至少 1500 人咨询该中心的技术服务，并因此受益；同时，中心推广种公牛，并向周边地区提供鲜乳或奶制品。

该中心还成立了动物保健与不孕不育矫正营。自成立以来，包括奶牛、水牛、山羊等 200 多个家畜获得免费治疗，108 个农户受益，其信息知识通过当地的广播调频传播给更多的邻近地区。

6. 园艺研究站（Horticulture Research Station，HRS）

该研究站每年也会举办培训。2015/2016 财年，开展了以"提高蔬菜生产技术"为主题的培训工作，培训人员达 92 人。该站也对农民开放，提供种子利用、生产技术、产品商品化等技术服务。

第七节 农业技术推广

一、技术的生成与应用

NARC 已研究了 287 种改良品种（植物）和 1 种杂交作物品种，并将各品种一起打包推广到适宜在尼泊尔不同农业生态区进行种植。这些品种或抗虫害、或高产、或抗极端环境（比如抗干旱）。推广的这些品种皆能提高产量，特别是在非季节性蔬菜方面，充分利用了不同的微气候条件。与此同时，NARC 也推广了零成本或低成本的最小耕作技术和其他资源节约型耕作方式。

在畜牧业和渔业方面，NARC 推广了参与式畜牧业改良、有效的饲料制备技术和喂养方法。同时，成功推广了鳟鱼育种技术和基于水稻鱼养的社区立体养殖模式，在一个水稻种植周期内水稻产量增加了近 12%，同时生产了 300～514 千克/公顷的鱼。在家禽方面，NARC 应用育种技术改良了吉日拉亚（Giriraja）家禽，改良后其肉质和产蛋量提高，深受东部和中部地区农民欢迎。

二、技术推广

NARC 负责技术研发，农业和畜牧业发展部、畜牧局以及所属的地区办事处负责技术推广。其他社会组织，比如减贫基金、妇女发展计划、灌溉计划、流域管理计划、非政府组织机构等，也进行农业技术推广和发展的活动。地区和区域级农业技术工作组（Agriculture Technical Working Group，ATWG）的主要任务是确定田间层面的问题，并根据这些问题，有针对性地推广相应的技术。国家农业技术工作组（National Agriculture Technical Working Group，NATWG）则负责监督、协调整个进程。来自科研、推广、非政府组织机构以及一些私人机构的人员都参加 ATWG 组织的会议，但没有强制性的实地合作制度（没有具体指定的办公地点和规章约束）。一些其他组织机构，包括尼泊尔农业研究与发展基金会（Nepal Agricultural Research and Development Foundation，NARDF）、NGOs、INGOs 和一些发展项目，其所做的事基本上和农业兽医、种子贸易商一样，但这些机构之间缺乏协调机制。

NARC 的大多数研究站,特别是区域农业研究站,都在田间开展研究(也包括当地农民的私有土地)。有推广潜力的技术在这些研究点进行测试,根据农牧民的偏好和选择,再考虑推广技术的种类及其规模。在这些推广站点开展的研究,也同样有利于技术在较短时间内得到推广。

NARC 通过技术报告、研讨会(会议记录)、NARC 研究热点、年报、通讯等多渠道传播其研究与发展的动向。同时,NARC 的科学家以小册子、会议论文或期刊论文的形式印刷出版他们的研究成果。此外,NARC 还负责运行国家农业图书馆,为学者、学生、农业技术开发人员及其他有需要的人提供纸质或电子版材料。另外,网站、无线广播、电视和纸媒等大众媒体也同样起到了推广最新发明和农业知识的作用。

三、农业机械化状况

在尼泊尔农业生产中,人工和畜力分别占全国可用农场生产力总量的 36.3% 和 40.5%。全国可用的机械功率只有约 23%。大多数机械功率集中在特莱平原,可用机械功率在特莱平原中的份额占尼泊尔总可用机械功率的 92.28%。传统的木制工具继续在山区使用,随着时间的推移,它们的设计和性能有了一些改进。

由于缺乏基础设施(即道路网络和电力)和在丘陵地区狭窄的梯田种植,山地农业主要依靠人工和畜力。木犁、当地锄头、镰刀是农业经营的主要工具。在山区,只有 2.7% 的人拥有机械拉犁耕作。在有乡村路头附近的山谷中,观察到农民已开始使用动力耕作机进行耕作,并随着农村道路的延伸应用面积不断增加。

由于越来越多的蔬菜种植在乌拉班和城郊地区,大约 3% 的农户拥有自己的手动喷雾器。在南部特拉伊平原和丘陵的大多数村庄都采用了稻谷脱壳机、磨光机和机械研磨设备。然而,在山区仍然发现当地有铣削设备,如克尔恩和传统的水磨机。已尝试改进 2000 多个当地水磨机,将木制流道改为金属流道,以提高磨削能力,并获得多种加工操作的功率(即脱壳、除油等)。

在特莱平原，使用的农业机械化相关工具主要是手工工具、动物牵引器具和机械动力操作机械。传统的农具和设备仍然被广泛使用，如铁锹、锄头、镰刀等是主要的手工工具。牛等动物的传统力量以及改良的器具也用于农田作业，传统的木犁、铁模板犁、圆盘耙、木板等是主要的动物牵引工具。

第九章

尼泊尔农业环境及其保护政策

尼泊尔复杂多变的立体气候和地形地貌造就了类型丰富的自然生态系统。南部土壤肥沃的冲积平原上，分布着茂密的森林和广阔的草原；中部河谷区多小山，气候宜人，是各种农作物的生产区；北部山地地区，山高谷深，云雾缭绕，高山终年积雪，亚高山、高山草甸和林间草地是主要的牧场。这些类型各异的生态系统孕育了丰富的物种资源，生长着 7000 多种植物、1000 多种鸟类等野生动物和 600 种特有的植物。全国国土总面积的 40% 被森林覆盖，15% 被草地覆盖，主要的珍贵野生动物有孟加拉虎、雪豹、犀牛、麋鹿、小熊猫等。

第一节 农业环境保护政策及措施

一、农业环境及保护政策

尼泊尔是世界上水土流失最严重的国家之一。南部地区地形以高原山地为主，夏季南亚季风带来印度洋的湿润水汽在南部山区形成丰沛的地形雨，大量的地表土就被洪水冲到印度和孟加拉国。土壤被带入江河、湖泊，造成水库和湖泊的淤积，从而抬高河床，减少水库、湖泊的库容，加剧洪涝灾害。加上人为破坏植被，易发生泥石流灾害，进一步加重了土沙灾害。在坡地的地段上，降雨径流引起滑坡崩溃、道路堵塞的现象屡见不鲜。

随着经济和社会的发展，尼泊尔也高度重视农业环境保护工作，提出了一系列农业环境保护政策与措施。科学合理控制成本，进行生态保护，积极开展针对农民的宣传教育，引导农民采用环境友好型的耕作模式，以达到保护农业环境、控制面源污染的目的，推动农业实现可持续发展。

二、农业环境保护的措施

尼泊尔的资源保护管理有三种模式：政府管理、国家宏观调控下的社区管理和以宗教文化为基础的民间自主管理。

政府管理模式主要是开设国家公园和自然保护区，保护自然生态系统和珍稀生物物种资源。已开设14处国家公园和野生保护区，其中南部的奇特旺国家公园面积为1700平方千米，有50多种不同的草本植物和40余种动物，重点保护热带、亚热带的草地和森林生态系统。这些国家公园和自然保护区对尼巴尔稀有野生动植物、特殊景观和生态系统的保护起到了非常重要的作用。在管理机制上，国家林业和水土保持部下设国家公园和野生动物保护司，全面负责国家公园和自然保护区的管理工作。在制度保障上，尼泊尔先后颁布了《林业法》《土地法》《水土保持法》等一系列的法律法规，提出了生物多样性保护、自然资源管理等行动计划。同时，政府管理部门与国内外非政府组织（NGO）联合开展了一系列有关环境保护、自然资源管理、社会可持续发展等方面的工程项目和研究计划，为自然保护提供了必要的科学依据和有力的技术支撑。

社区管理是源于林业管理的一种资源管理模式。1956年尼泊尔颁布了第一部林业法；1976年制定了国家林业计划，将公众参与定为林业资源管理的重点方向，在此基础上提出了林业资源的参与式管理。目前，全国约有1.4万个社区林业团体，使得尼泊尔的林业资源得到了有效保护，而且使当地农民群众从林业管理中受益。

深远的宗教文化影响造就了全民保护自然环境的传统。由于多种宗教信仰、多元民族文化的融合与渗透，造就了尼泊尔人保护自然环境的先进理念和良好行为。历史上，西藏人（大蒙族、雪巴族）散布于整个尼泊尔北部，这些游牧民族把草地放牧、家禽饲养、水源保护等方面的传统知识带入，最终形成了山地资源高效利用的经典模式，如草地游牧、树叶堆肥等。

第二节 有机农业

一、有机农业发展历程

有机农业的概念始于20世纪20年代,首先在法国和瑞士被提出。从20世纪80年代起,随着一些国际组织和国家有机标准的制定,一些发达国家才开始重视有机农业,并鼓励农民从常规农业生产向有机农业生产转换,这时有机农业的概念开始被广泛接受。

尽管有机农业有众多定义,但其内涵是统一的。有机农业是遵照一定的有机农业生产标准,在生产中不采用基因工程获得的生物及其产物,不使用化学合成的农药、化肥、生长调节剂、饲料添加剂等物质,遵循自然规律和生态学原理,协调种植业和养殖业的平衡,采用一系列可持续发展的农业技术,以维持可持续发展的农业生产体系的一种农业生产方式。

随着尼泊尔城市化进程的加快,农业正从自给自足走向商品化,而商品化意味着更多地使用化肥和农药。由于相关生态知识的缺乏,大部分农民都会过量地使用农药和化肥。据《喜马拉雅报》报道,尼泊尔的化肥进口量在连续上升。但另一方面,尼泊尔并未放弃有机农业——这一点难能可贵。

国际有机农业运动联盟(IFOAM)认为,有机农业能够帮助农民适应气候变化。有机农业增加了土壤有机质含量和土壤覆盖率,从而可以防止养分和水分流失,使土壤更能抵抗水涝、干旱和土壤退化的压力。有机农业保护种子和作物的多样性,从而增强了作物对病虫害的抵抗能力,还有助于农民建立新的耕作制度以适应气候的变化。最后,有机农业有助于维持农业生态系统和产量的稳定,并降低生产成本,从而使风险最小化。

尼泊尔属于低收入国家,农业是它的经济命脉。气候变化带来的风险关系到整个国家的命运。尼泊尔政府已经意识到过度使用农药的问题,某些地区的政府在推广害虫综合治理,以减少化学杀虫剂的使用。尼泊尔政府提供资金支持,鼓励本国创建生物技术公司,比如专用城市厨余垃圾做有机肥等。非营利组织商业化农业联盟、尼泊尔种植学院等机构也在开展可持续农业项目。

二、有机农业发展现状

尼泊尔多样化的市场渠道正在茁壮成长，包括有机专卖集市、小零售批发店、超市一角、多层次直销、网络销售等。针对有机产业的各种法规框架在这一地区并存，政府标准制定机构制定了自愿的有机标准，决策者们已经开始将有机农业和可持续发展农业计划纳为一体，有机农业对当地社区及经济、环境变化、农业碳排放的积极影响日益得到承认。

三、有机农产品消费情况

有机农业是对传统农业、化学农业的深刻变革，是人类农耕方式质的提升和飞跃，是实现人与自然和谐发展，环境双赢的新型农业模式。然而，有机农业在尼泊尔国内的发展尚处于初级状态，需要厘清有机农业产业链，找出制约行业发展的因素，加深对行业的理解。

随着尼泊尔有机农业规模的不断扩增，政府和相关组织对有机食品产业更加重视，尼泊尔的有机食品生产、加工、销售、贸易等已逐步进入良性循环发展的轨道。目前国际市场有机食品的价格比常规食品高20%~50%，有些产品（如豆类等）可高出一倍甚至更多。由于有机农业的产出量往往低于传统农业，整体利润率与传统农业相当，但有机农业单个劳力效益、单个企业利润都比传统农业高。

目前有机食品相对于同类常规食品有着较高的相对价格，一般都是常规食品的2~4倍，但不乏部分产品价格高得惊人。对收入普遍不是很高的消费阶层来说，尽管需求潜力很大，但受制于价格因素，有机食品消费行为仍会受阻。而且用于有机生产的农田首先需要经过3~5年的土地转换，以尽可能消除土地中的农药残留，提高土壤自然肥力。生产过程中需要遵循严格的技术要求，精细化管理带来的是较高的人力成本，加上产品出口时还要负担较高的运输成本，导致有机食品生产成本较大、投资回收期较长、国内市场规模较小等不利因素叠加，使得尼泊尔有机食品生产企业规模普遍较小，规模生产效益未能体现。

<h1 style="text-align:center">第三节　乡村旅游</h1>

一、乡村旅游的发展历程

尼泊尔系南亚内陆山国，北邻中国，其余三面与印度接壤。全国分北部高山、中部温带、南部亚热带三个气候区。首都加德满都，位于中部河谷地带，是全国政治、经济、文化中心。加德满都以其独特的建筑艺术和雕刻著称，庙宇、古迹众多，素有"庙宇之城"的美名。

尼泊尔旅游业（包含乡村旅游）起步于20世纪60年代初，是国民经济的重要支柱产业之一。旅游创汇是国家外汇收入的第三大来源。2012年尼泊尔旅游业总收入占其GDP的9.4%，同比增长5.2%；旅游创汇366亿卢比，相当于其出口创汇总额的24%。

尼泊尔政府主管本国旅游事务的部门为文化、旅游与民航部，负责研究拟定旅游业发展方针、政策和规划，行业管理审批等行政事务。早在1979年，尼泊尔旅游部本部就设置了旅游警察局，向游客提供便捷、优质的安全保障服务，非官方旅游机构尼泊尔旅游委员会、尼泊尔旅游和旅行代理商协会、尼泊尔饭店业协会、尼泊尔徒步协会、尼泊尔登山协会等，在开拓市场、促进规范行业发展等方面也积极地发挥着重要作用。

尼泊尔政府非常重视本国旅游产业的发展，将2011年确定为"尼泊尔旅游年"。为传播佛教和平理念，将佛陀诞生地蓝毗尼打造为世界佛教中心，促进宗教旅游市场的发展，推动尼泊尔入境市场的整体增长，尼泊尔政府还将2012年确定为"蓝毗尼访问年"。

二、乡村旅游的要素

发展尼泊尔乡村旅游，并不仅仅是开发几个乡村旅游点那么简单，关键是要将整个乡村都发展成旅游的形态。而今，随着尼泊尔农业的发展，乡村旅游已成为发展农村经济的重要形式，其作为一种新的旅游方式正受到人们的喜爱。对于尼泊尔而言，乡村旅游不能只是提供给本地居民休闲的场所，还应成为国内远程游客的首选地，更应当成为国际游客的热衷地。通过乡村旅游，让游客了解到各地不同的乡村风土人情，让国际游客了解到一个真实的尼泊尔乡村状态。

1. 区域要素

无论是何种形式的乡村旅游，其特点都是频率高、游客流动快，消费层次亲民，市场准入门槛低。在现实中，由于乡村旅游的特性，短时段休闲游客是客源的主体，"游玩时间长"是游客最看重的一点，如果把大量的时间花费在行程上，将会大大减少游客的满意程度。因此，乡村旅游应集中在具有集聚效应的城市周边，这些城市对旅游有经济、文化、社会等要素的支撑。

2. 出行条件要素

尼泊尔乡村旅游区需要有很好的区位优势，交通便利，能够顺畅地连接目标市场，又不能太靠近交通主干线，否则乡村旅游区的大气环境、声环境、水环境和土壤环境等都会受到影响。旅游区应当选择在路况相对较好的乡野，同时，旅游景区内道路的设计也要充分考虑到便于出行。

3. 经济要素

乡村旅游项目的开发必须要求乡村周边的城市有一定的经济基础。城市的集群效应、生活的舒适度、工作压力的大小、城市生态环境的质量，都是影响乡村旅游业发展的重要因素。所以，拟开发旅游项目的乡村，周边应为经济较为发达且环境质量较好的城镇。

4. 人文景观要素

农村具有城市所不具备的名村、古镇、山水、田园的生活环境，越来越多的人选择去乡村减缓压力，愉悦精神，拓宽视野，增长见识，对于长期工作压力较大的都市人来说有很强的吸引力，"自驾游""乡村游"已成为一种时尚，生活消费也从单纯的物质层面发展到精神层面。现代乡村各具特色的自然风光满足了人们放飞心灵、回归自然的精神需求，淳朴的农家原生风情和习俗也符合了现代人寻找精神安宁和乡土记忆的心理需求。

5. 生态种养要素

在食品安全问题越来越重要的今天，要从源头上保证"餐桌上的安全"，就必须坚持绿色种养，搞循环农业。长期生活在城市的居民，在工作闲暇之余，趁着周末，带上家人，到周边乡村感受自然的空气，品尝当地的绿色食品，或者带着家人一起采摘农家院的蔬菜和水果，让孩子深刻体会"自己动手，丰衣足食"的无限乐趣。绿色种养，不仅是发展生态农业的必然要求，也是吸引客源的重要宣传手段。

6. 社会因素

社会因素是景区选址的另一个重要因素。发展乡村旅游一定要考虑当地的风俗习惯和治安形势，发展生态的、循环的、绿色的美丽乡村，一定不能妨碍当地人生活，不破坏当地生态环境，而且要对当地的经济有促进作用。社会因素是景区建设顺利进行的保障与前提。

三、乡村旅游发展的有利因素

尼泊尔自然旅游资源和人文旅游资源丰富，是世界著名的旅游目的地。境内有海拔高达 6000～8000 米的山峰 200 余座，世界自然和文化遗产 10 处，国家野生动植物保护公园 14 个，宗教及历史文化古迹不胜枚举。尼泊尔旅游业依托得天独厚的旅游资源，突出发展徒步、登山、漂流、探险、野生动物及民俗古建观赏、宗教朝圣等优势旅游项目，其中徒步和登山旅游较为发达。据尼泊尔登山协会统计，每年到访尼泊尔的外国游客中，专以登山为目的的旅游者约占 28%。

为树立更好的旅游形象，突出旅游特色，尼泊尔将以城镇、景区、公路为依托，优先发展乡村旅游圈。以珠峰为代表的高山雪峰是世界顶级旅游资源，具有全球吸引力和广大的旅游市场，要有序推进尼泊尔边境景区等乡村旅游建设。

有关部门将大力发展中高端观光旅游线路产品，鼓励各类乡村旅游住宿设施的地方文化特色化开发，注重功能集群和规模集聚，逐步树立尼泊尔乡村旅游住宿的形象品牌。

完善旅游卫生设施、标识标牌等建设，并扶持建设一批乡村旅游示范点，同时积极推动中国、印度等邻国游客前来观光旅游，以可持续的方式带动地方文化繁荣与自然生态保护。

第十章

尼泊尔农业国际合作现状与借鉴

自 1951 年开始尼泊尔就接受外国的多种援助，包括外国政府、国际组织、团体及私人的援助等，其中印度、美国、中国和英国居前位。近年来，日本、德国、加拿大、沙特阿拉伯逐步增加对尼泊尔的援助。20 世纪 60 年代，苏联是双边援助的大国之一。世界性、地区性国际组织及私人的援助，形式不同，数量不等，有无偿的，也有贷款的。

外国援助对尼泊尔的国民经济发展起着重要的作用。自 20 世纪 70 年代起，政府鼓励外国投资和工业合作，并制定了法律保障，还在税率上给予了让步，信贷上给予了优惠。1983 年亚洲开发银行专门设立了一个部门，负责向尼泊尔私人企业的贷款事务，其不需要尼泊尔政府担保，私人企业可以直接向亚洲开发银行借款筹建项目。

第一节　与各国的关系现状

尼泊尔奉行平等、互利、相互尊重和不结盟的外交政策，主张与世界各国发展友好关系。高度重视发展同中、印两大邻国友好关系。重视加强同美、英等西方国家关系，争取经济援助和投资。积极推动南亚区域合作联盟发展。2004 年加入环孟加拉湾多领域经济技术合作倡议（BIMSTEC）。截至 2022 年 3 月，已同 174 个国家建立了外交关系。

一、与印度的关系

1947 年 6 月，印度与尼泊尔正式建交。印度是尼泊尔最大的贸易伙伴和重要援助国，双方实行开放边界。2010 年 1 月，印度外长克里希纳访问尼泊尔。

2011年1月，尼泊尔总统亚达夫访问印度。2012年12月，尼泊尔总统亚达夫再次访问印度。2014年5月，尼泊尔总理柯伊拉腊参加印度新任总理莫迪就职典礼。2014年，印度总理莫迪两度访尼泊尔。2015年9月，尼泊尔新宪法颁布后，印度收紧边境管控，造成尼泊尔国内物资严重短缺，两国关系紧张。2016年1月，尼泊尔议会通过新宪法修正案，部分满足反对派诉求。印度对修正案表示欢迎，逐步放松对尼泊尔禁运。2016年2月，尼泊尔总理奥利访问印度，两国关系初步缓和。2016年5月，尼泊尔总统取消访问印度，尼泊尔政府召回驻印度大使，两国关系再次陷入僵局。2016年8月，尼泊尔总理派副总理兼内政部长尼迪作为总理特使访问印度。2016年9月，尼泊尔外长马哈特访问印度，总理普拉昌达访问印度，两国关系逐步缓和。2016年11月，印度总统慕克吉访尼泊尔，这是印度总统最近18年来对尼泊尔的首次访问。

二、与美国的关系

1947年4月，尼泊尔与美国建交并签订友好和商务条约。至今，美国前代理助理国务卿帮办柯什普、副国务卿奥特罗、助卿帮办柯勒门茨、副国务卿舍曼、国务卿布林肯等高官相继访问尼泊尔。

三、其他

2007年1月，安理会通过关于尼泊尔问题的决议，成立驻尼泊尔政治特派团（UNMIN），协助尼泊尔各方推进和平进程。UNMIN历经数次延期，于2011年1月撤离。主要援助国和国际组织包括印度、中国、英国、日本、美国、挪威、世界银行、亚洲开发银行、联合国和欧盟等。

第二节　农业国际援助

联合国粮农组织（FAO）对尼泊尔援助比较多，与尼泊尔政府成立了一个CPF计划，主要技术援助期为五年（2013—2017年）。这个计划主要基于政府的两个政策和农业部门的投资框架。这两个政策为"国家农业部门发展优先计划"（NASDP，2010）、"尼泊尔农业和食物安全国家投资计划"（CIP，2010）。

在规划农业发展基本框架方面，FAO 提供充分的技术援助，其具体的援助领域分为以下四个方面。

一、食物与营养安全

尼泊尔仍然存在严重的食品安全问题。FAO 认为，这个问题可在农业生产中寻求解决思路。农业的发展会带动土地和劳动力的发展，这将打破尼泊尔农业中存在的恶性循环问题（即因为农业生产力低下，导致农民没有多余的农产品进入市场，因而没有钱再购买生产资料投入农业生产）。公共资本的进入将会打破该僵局，特别是在灌溉基础建设、技术更新、农作物病害防疫以及自然资源保护等方面。这些资本如何介入、以什么方式介入，则由 FAO 在尼泊尔政府政策规划的前提下进行规划设计。

二、制度和政策支持

FAO 认为，政策以及其相应的制度环境将决定政府政策或计划的有效实施。尼泊尔农牧业生产环境中，缺乏有效的政策和法规这一问题长期存在，这也导致了现有的政策执行与监督薄弱问题。同时，还是缺乏农业战略规划与制定的能力。另一方面，农牧业数据获取的质量与时效性也制约着这些有利于提高农牧业增产增效项目的规划与实施。

尼泊尔政府目前正参与制定国家食品与营养安全计划和农业中长期发展战略，这些工作都将得到 FAO 的技术支持。与此同时，一些联合国的其他机构和合作伙伴也将参与这些计划的实施。

三、市场定位和竞争力

尼泊尔国家制定的发展战略和政策文件都会影响市场发展方向，盘活国家经济，打破现有发展中存在的恶性循环。好的政策会提升生产力，能够影响资本在农牧业生产链的始端至末端的高效流动，譬如一些重要的基础设施和服务领域、重要区域的灌溉设施、农村道路、市场价格信息等。但目前资本的流动不是自发的，这就需要政府制定一些政策来推动和引导。FAO 将引入其他国家的经验来帮助解决这些方面的问题。

四、自然资源保护与利用

尼泊尔现有的自然资源正在被过度开发，原因有很多，譬如不可持续的土地利用措施和生物多样性开发、破坏性的水资源利用、森林过度砍伐，以及全球气候变化等。FAO 将联合政府和其他组织机构来宣传可持续利用的方法来管理土地、森林、水域等自然资源，并做好应对全球气候变化的策略。

第三节　与中国的合作

尼泊尔同中国的交往与合作有很深的历史渊源（最远可以追溯到中国的晋代）。1955 年两国建交后，在经贸、科研等领域的合作更加密切。

一、合作基础

1. 中国和尼泊尔之间有上千年友好交往史

我国晋代高僧法显、唐代高僧玄奘到过佛祖释迦牟尼诞生地兰毗尼（位于尼泊尔南部）。唐朝时，尼泊尔公主尺尊与吐蕃赞普松赞干布联姻。元朝时，尼泊尔著名工艺家阿尼哥曾来华监造北京白塔寺。

1955 年 8 月 1 日建交以来，中尼传统友谊和友好合作不断发展。两国高层往来密切。尼泊尔国王、首相多次访华，周恩来曾两次访问尼泊尔，邓小平也曾访问尼泊尔。1996 年底，江泽民对尼泊尔进行国事访问，两国建立了面向 21 世纪的世代友好的睦邻伙伴关系。

2008 年 8 月，尼泊尔新任总理普拉昌达（Pushpa Kamal Dahal）来华出席北京奥运会闭幕式。12 月，杨洁篪外长访尼。2009 年 4 月，尼泊尔外长乌彭德拉·亚达夫（Upendra Yadav）正式访华。9月，尼泊尔外长苏加塔·柯伊拉腊（Sujata Koirala）访华。12月，尼泊尔总理尼帕尔（Madhav Kumar Nepal）访华。双方发表《中尼联合声明》，决定在和平共处五项原则基础上，建立和发展世代友好的全面合作伙伴关系。

2010年2月，尼泊尔内政部长拉瓦尔（Laval）访华。3月，尼泊尔国防部长比迪娅（Vidya Devi Bhandari）访华。9月，时任中共中央书记处书记、中纪委副书记何勇访尼泊尔，尼泊尔副总理兼外长苏加塔（Sujata Koirala）来华出席上海世博会尼泊尔馆日。10月，尼泊尔总统亚达夫（Rahm yadav）来华出席上海世博会闭幕式，尼泊尔副总统帕拉马南达·贾阿（Parmananda Jha）来华出席第十一届中国西部国际博览会。

2011年3月，中央军委委员、解放军总参谋长陈炳德访尼。11月，尼泊尔副总理兼外交部长施雷斯塔（Shrestha）访华。12月，尼泊尔副总理兼内政部长加查达尔（Bijaya Kumar Gachhadar）访华。

2012年1月，温家宝总理访问尼泊尔。双方发表《中尼联合声明》，宣布2012年为"中尼友好交流年"。4月，全国人大常委会副委员长、全国妇联主席陈至立访尼。

尼泊尔在涉藏、台湾等问题上一贯予以中国坚定支持，中国在经济社会发展方面向尼泊尔提供力所能及的帮助，两国在国际和地区事务中保持良好的沟通与合作。

2. 双边经贸关系

中尼建交后，两国政府先后签订贸易、经济技术合作、避免双重征税和防止偷漏税等协定。1983年10月成立中尼经贸联委会，首次会议于1984年在北京举行。1996年中尼成立民间合作论坛，由两国工商联主办。

我国西藏自治区同尼泊尔自1962年起开始边境贸易（主要在樟木口岸进行）。尼泊尔是我国西藏自治区最大的贸易伙伴。2021年，尼泊尔与我国西藏自治区进出口贸易值为17.97亿元人民币，同比增长37.4%，占西藏对共建"一带一路"国家贸易值比重达69.4%。

3. 对尼泊尔的援助

1956 年以来，中国向尼泊尔提供经济技术，援助建设了一批重要项目。主要有公路、砖瓦厂、造纸厂、水电站、纺织厂、制革厂、水利灌溉工程、糖厂和国际会议大厦等。在全球新冠肺炎疫情下，中国政府向尼泊尔提供了新冠疫苗和医疗设备等方面的帮助。

4. 承包劳务合作与投资

中国在尼泊尔进行工程承包和开展劳务合作始于 1981 年。截至 2010 年 12 月底，中国在尼泊尔累计签订承包工程与劳务合作合同金额达 17.46 亿美元，完成营业额 13.11 亿美元。

2021 年尼泊尔工业局公布的数据显示，中国大陆连续 6 年高居外商对尼泊尔承诺投资额榜首。数据显示，截至 2020/2021 财年的 7 月中旬，中国大陆承诺对尼泊尔投资额为 225 亿尼泊尔卢比（约合 1.88 亿美元），占该财年外商对尼承诺投资总额的七成左右，连续 6 年居榜首。数据还显示，中国大陆对尼泊尔承诺投资主要集中在旅游业等服务行业和信息技术产业。

5. 其他方面合作

中尼在体育、文学、艺术、广播、科学、宗教、摄影、出版、教育等方面均有交流。中国每年向尼提供 100 个政府奖学金名额。2000 年，中尼签署《关于中国公民赴尼泊尔旅游实施方案的谅解备忘录》，尼泊尔成为南亚第一个中国公民组团出境旅游目的地国。2007 年，孔子学院落地加德满都大学。2009 年以来，两国青年代表团实现互访。2011 年，双方往来人员为 13.6 万人次。2012 年 5 月，应中国全国青联邀请，尼泊尔百人青年代表团访华。

6. 我国西藏自治区与尼泊尔的关系

我国西藏地区和尼泊尔有传统友好往来。1988 年，开通拉萨至加德满都航线。1994 年 5 月，中尼签署加德满都至拉萨汽车运输协议。1999 年，中尼签署边界过牧协议换文。2002 年 7 月，中尼签署藏尼通商协定。2003 年 12 月，中尼就增设两对边境贸易点进行换文。2005 年 5 月，拉萨至加德满都开通客运直通车。2005 年 8 月，中尼就延长边民过界放牧协议签署换文，并签署关于尼泊尔借道中国西藏公路进行货物运输的议定书。尼泊尔作为西藏通向南亚的通道，从边境旅游、口岸建设等方面，在"十三五"期间发挥了重要作用（图登克珠，2018）。

二、现阶段农业科技合作

尼泊尔与中国的农业科技合作不断拓展。据 NARC 提供的资料显示，与中国合作的单位和内容如下。

（1）云南省农业科学院热带亚热带经济作物研究所于 2014 年与 NARC 签署谅解备忘录（MOU），开启双方在山地经济作物方面的科技交流与合作。

（2）云南袁隆平农业高科技股份有限公司于 2014 年 3 月与尼泊尔签署正式的合作协议，开展农业技术合作（2016—2019 年），合作内容包括中长期农业发展计划、在尼建立水稻研究与发展中心、援助尼泊尔建立 4 座水稻加工中心并培训相应的技术人员、援助尼泊尔建立现代化实验室并提供相应的设备仪器、人才交流与培训等工作。第一期合作项目从 2016 年 2 月开始，为期 3 年，由云南袁隆平农业高科技股份有限公司和尼泊尔农业研究院合作完成。当前，该项目已引进了 67 个杂交水稻品种，在尼泊尔多个地区进行试验。还有 1 个品种通过了尼泊尔农业发展部种子质量管理中心的审定。中国杂交水稻品种凭借产量高、品质优等特点，深受尼泊尔当地居民的欢迎。2018 年，中国的杂交水稻在尼泊尔的 5 个省推广种植面积达 4500 亩，稻田增产从 4 成到翻倍不等；累计 1000 多人在推广过程中获得了技术知识培训。

（3）NARC 与云南省农业科学院甘蔗研究所（YAAS）于 2016 年 8 月签署正式的合作协议，合作内容主要为甘蔗种质资源的交换（2016—2020 年）。

（4）甘肃农业大学（GAU）于 2017 年与 NARC 签署 MOU，开展的合作内容有人才培养、人才资源信息交流、项目合作、开展研讨会培训等。

（5）甘肃渔业研究所（GFRI）于 2017 年与 NARC 签署 MOU，开展的内容与 GAU 相同。

（6）2019 年 3 月 1 日至 2022 年 2 月 28 日，中国商务部投入 2640 万元人民币，设立援助尼泊尔农业项目"中国援助尼泊尔北部山区农业技术合作项目"，由西藏自治区农牧科学院承担。西藏自治区农牧科学院选派了农业、畜牧、水产和园艺方面 12 名专家和项目管理人员，于 2019 年 3 月 1 日进入尼泊尔北部山区的尼方五个国家站点，开展了蔬菜、食用菌、家禽、牧草、马铃薯、虹鳟鱼品种的引进筛选、家禽疫病防疫、农作物种植技术示范指导、农技人员培训和实验设备采购安装等工作。经过三年的努力，项目取得了显著的成绩，达到了预期的目标，受到了中国驻尼泊尔大使馆经商处和尼泊尔农业和畜牧业发展部的肯定和好评。

三、存在的主要问题

（1）由于尼泊尔独特复杂的地理地势，加之整个国家经济发展相对比较滞后，基础服务等配套设施（电力、交通等）不完善，这些都给项目合作带来困难。另外，由于全球新冠肺炎疫情影响，国民经济受到重创，经济负担较重，农业科技合作与交流都受到不同程度的影响。

（2）尼泊尔有着丰富的农业资源，特别是一些农业本土资源，在适应性和功能性方面具有显著的特色。但是，随着农业生产向良种化、高产化方向发展，很多本土资源已消失，部分也处于濒危状态，致使保护本土农业资源的任务较繁重。

（3）由于尼泊尔国家整体经济实力相对较弱，虽然政府非常重视农业发展，但用于农业科技研究与发展方面的经费仍然很低，农业科技合作与交流大多依靠国际援助。未来与中国的合作交流需要从人才的交流做起，同时通过一些科技专项来带动双方的合作与交流。

四、希望与中国的合作需求

尼泊尔国家农业科研整体水平相对滞后，与实际需求相比，农业研发投入偏低，对国际援助和国际合作有十分迫切的需求。近年来，中国与尼泊尔农业科技援助和合作成效明显，得到尼泊尔农业部门和专家的认可，并期望进一步深入和持续合作。

（1）由于尼泊尔震后重建滞后以及新冠肺炎疫情的影响，农业科研存在资金不足、科研人员薪水低等问题，希望能得到中国政府在农业科研方面的资金和技术支持。

（2）由于中国社会经济发展得到世界各国的关注，加之中尼一直保持着良好的外交关系，随着"一带一路"倡议建设的良好态势，更多年轻的农业科技人员希望能在中国攻读研究生。

（3）尼泊尔距离我国西藏自治区最近，加之山地农业的相似性和可参考性，希望到西藏进行农业科技合作与交流。

（4）希望与中国加强农业科技合作与交流，特别是通过项目带动两国农业科技实质性的合作。

五、今后的合作重点

尼泊尔农业目前存在的主要问题是农业产量和生产力较低，农区贫困人口较多。一方面，建议到两国农牧业基地实地考察，引进两国先进的生产技术或优良的动植物资源，提高现有农业生产水平和农业总产值；另一方面，建议两国加强学术研讨，进行农业技术交流。根据 NARC 和有关专家提议，建议主要从种植业和畜牧渔业两大方面开展重点领域合作，具体如下。

1. 作物园艺等种植业方面

（1）通过筛选、杂交培育保证食物安全的主要高产粮食作物（大米、小麦、玉米）以及小作物（小米、大麦、荞麦）。

（2）引进和选育产油高的油料种子。

（3）选育抗逆性强，特别是耐旱的夏季豆科植物。

（4）反季节蔬菜和花卉技术的研发和推广。

（5）研发作物生产综合管理技术和高效的综合作物管理集成技术。

2. 畜牧业渔业等方面

（1）通过筛选、杂交等培育产量较高的肉用兼毛用的绵羊和山羊品种。

（2）开展奶牛、绵羊、山羊和牦牛的遗传改良。

（3）发展年度饲草供应系统，以降低奶畜的生产成本。

（4）结合民俗和科学知识，开展草地资源管理。

（5）研发动物疫病防治技术。

（6）合理利用有毒植物和民族兽药。

（7）选育提高牦牛、奶牛、猪禽的生产性能。

（8）利用本地现有资源，开发非常规或专用饲料。

（9）鱼类饲养管理研究。

第四节　尼泊尔农业可借鉴的理念

一、粮食产量稳步增长，注重推广优良品种

现在，尼泊尔的粮食生产不仅可以自给，而且还大量出口。自 2000 年以来，出口到我国西藏地区的大米平均每天 20 吨左右。此外，尼泊尔政府积极谋求与南盟（南亚区域合作联盟）各国的合作，进行粮食作物的研究。1999 年 3 月，南盟七国在印度达成互换稻谷、小麦、玉米用于研究的协议，并约定不得将其遗传材料提供给南盟成员国以外的国家。

二、小型农业发展项目在尼泊尔全国 75 个县顺利进行

小型农业发展项目的投入和产出基本成正比，使很多农业家庭受益。在发展小型农业方面，尼泊尔政府大胆吸收国外资金与技术，丹麦和德国等国家分别给予其贷款援助，旨在发展农业产业及未来农业领域相关计划的实施和乡村金融体制，帮助尼泊尔建立小型农业银行。因此，尼泊尔适宜山地农业发展的理念和技术方面，还是有值得借鉴之处的。

三、有机农业理念的先进性

尼泊尔有机农业理念和做法具有一定的先进性，虽然规模不大，特别是在咖啡、茶叶等方面已有一定的成效。有机农业特别适合我国西藏的农业发展理念，尤其是在种植业方面，作为山地农业，都具有相似的自然条件。坚持生态优先的农业生产理念，保护好当地的农业本土资源，保护好环境，推动农业健康发展。

第五节　中国与尼泊尔开展农业科技国际合作的建议

两国农业科技合作可以主要从技术交流方面展开，除了针对具体事宜提出的合作的大框架领域外，还可从具体的、现阶段较成熟的技术入手。

一、从尼泊尔引进农业资源

（1）青柠檬是比较引人注目的品种，也是尼泊尔饮食当中不可或缺的一种水果。建议可先少量引进至西藏的墨脱等气候类似区试种，试种成功后可引进或当地培育。据尼泊尔青柠檬研究专家 Tul Bahadur 博士介绍，青柠檬含有丰富的维生素 C，不但能消除疲劳、增加免疫力、预防癌症，还能降低胆固醇，并且能克服糖尿病、高血压、贫血、感冒、骨质疏松症。西藏当地人因气候和饮食习惯等原因，患高血脂和高血压病的较多，如引进青柠檬并进行种植生产，将对胆固醇、高脂肪等疾病的预防有着积极的作用。

（2）可考虑将尼泊尔单峰牛作为资源引进，用于培育肉牛，在农牧林交错区和半农半牧区进行养殖，以缓解市场牛肉季节性供需不平衡的问题。

（3）尼泊尔山区养殖的家禽中很多属于肉蛋兼用品种，适应性和生产性能相对较好，如果引进到西藏农区养殖，是农民较好的一个增收途径。

（4）尼泊尔选育的抗锈病、抗虫害的咖啡品种，也可以纳入我国研究绿色食品的范畴。目前，西藏自治区农牧科学院在西藏墨脱试种咖啡获得成功，可以引进该品种的咖啡种质资源。

二、可引进和学习的农业技术

（1）玉米是很好的粮饲兼用作物，尼泊尔的玉米种植技术、秸秆处理技术、病虫害防治等技术很规范，西藏地区可以借鉴和应用这些技术。

（2）尼泊尔农业研究委员会是该国最高的农业研究单位，有较强的技术优势，西藏地区可以引进相关专家进藏对农业科技人员进行技术培训以及科技合作。

（3）基于农户层面的小型生态种养模式和技术，特别是奶牛生态立体养殖模式适宜在西藏地区的农牧区进行引进和示范。

三、我国对尼泊尔的农业技术需求支持的建议

尼泊尔农业研究委员会基于全国农业科研进展和现状，根据近期需要解决的农业生产技术，针对性地提出了技术需求。为此，提出以下建议。

（1）奶牛养殖上建议从我国向尼泊尔输出甜菜，用作现有饲料上的补给饲料，从而进一步提高产奶量与奶品质。

（2）尼泊尔秸秆氨化微储技术不成熟，仅限于在窖里压实、投放酵素的阶段，造成了氨化不彻底和容易浪费，可向其输出这方面的技术。

（3）尼泊尔现有的青稞品种整体表现为穗松散、秸秆细、产量较低等问题，可以适当把我国西藏自治区生育期短、产量较高的品种试种到尼泊尔青稞种植区域。

（4）尼泊尔整体上来说蔬菜种类少，我国蔬菜种植方面的丰富经验有很大援助与推广潜力。

（5）尼泊尔对药用植物的种植还处于空白或初级阶段，该方面有一定的需求，可从中国引进和试种部分药用植物。

（6）援助尼泊尔农业合作项目中，提供给尼方的虹鳟鱼品系优良，且鱼卵均经过技术处理，不会给当地生态带来生物入侵的危害。尼方要求我国派驻的技术人员对尼方技术人员就虹鳟仔鱼开口驯化、疾病预防、鱼苗培育等技术进行指导。

下篇

不丹农业概况

第十一章

不丹概况

不丹王国（The Kingdom of Bhutan），简称不丹，是位于中国和印度之间喜马拉雅山脉东段南坡的内陆国，地形以山地为主，山地占全国总面积的比例超过95%，总面积3.8万平方千米（与我国台湾省的面积大小相近），人口76.3万（2022年）。全国划分为4个行政区、20个宗（县）。

不丹的国名当地宗喀语为"竺域"（Druk Yul），意为雷龙之地。而"不丹"一名在梵语中意为"吐蕃的终结"。

首都廷布（Thimphu）是该国最大的城市。藏传佛教为不丹的国教。不丹族是不丹的主体民族，西部不丹语宗卡和英语为官方用语。

不丹从公元7世纪起属中国西藏吐蕃之属地，8世纪即为吐蕃一个部落，同时期，莲花生大师曾经到不丹弘法，传播佛教经典。9世纪开始形成独立部落。12世纪后藏传佛教竺巴噶举派逐渐执掌权力实行政教合一，建立"沙布东"王朝。18世纪后期英国入侵，沦为英国的保护地，1865年11月，英国同不丹签订了《辛楚拉条约》，强迫不丹割让包括噶伦堡在内的第斯泰河以东约2000平方千米的地区。1907年建立不丹王国，乌颜·旺楚克成为世袭国王。1910年1月，英国和不丹又签订了《普那卡条约》，规定不丹对外关系接受英国"指导"。印度独立后于1949年8月同不丹签订条约，对外关系继而接受印度"指导"。1971年不丹加入联合国，1973年成为不结盟运动成员，1985年成为南亚区域合作联盟成员。

不丹国土总面积为38394平方千米。全国一半领土在海拔3000米以上，地势自北而南递降，有"山顶王国"之称。大喜马拉雅山脉横亘北部，海拔约7000米，山势陡峻，多为冰川雪峰，邻近我国西藏帕里镇边境上的卓木拉日峰海拔为7314米。中部为内喜马拉雅山地，大部海拔在1000～3500米，由大喜马拉雅山脉的南延支脉组成。南部山势低下，海拔高度不到1000米，称亚喜马拉雅山地。毗邻布拉马普特拉河平原的山麓丘陵地带，山势和缓，风化层深厚。全国平原狭小，杜阿尔斯平原介于印度和不丹之间，境内宽仅 10～15 千米。

第一节　国土资源

不丹是世界上平均海拔最高的国家，北部地区和我国西藏相接，南部地区和印度接壤，东部地区和孟加拉国相邻。地势北高南低，起伏巨大，梯级气候特征明显，自北向南分布有冰漠带、寒带、温带和亚热带。海拔约 4500 米以上为永久积雪区；海拔 3500～4500 米为高山草地带，阳坡较缓地带草类生长茂盛，是主要的夏季牧场；海拔 2000～3500 米为阔叶－针叶林带，集中了全国约 90% 的森林资源，生长着松树、橡树、杜鹃、白杨、云杉、冷杉等树木，茂盛郁葱。

河谷区地势低洼，向阳面气候温和湿润，夏季西南季风沿谷地深入，年降水量可达 1000～1500 毫米。南部山麓丘陵平原区属湿润的亚热带气候，终年湿热多雨，年降水量达 2000 毫米以上，在一些迎风坡地，年降水量高达 5000 毫米。

自然植物以娑罗双树、印度黄檀、儿茶、棕榈和竹类为主，在杜阿尔斯平原大部分是稀树草原，并有象、虎、野牛及各种鹿栖息其中。目前西部已不同程度得到开发，东部马纳斯河下游一带有犀牛、野象、野牛、印度野鹿等，已列为野生保护动物的禁猎区。

不丹自然资源丰富。森林覆盖率超过 70%，矿藏有铜、煤、云母、石膏、石灰石和白云石等（尚待进一步勘查和开发）。

第二节　社会经济

不丹经济相对落后，是最不发达的国家之一，也是世界上最后一个开放电视与网络的国家。2021 年全国 GDP 为 24 亿美元，人均 GDP 达到 3185 美元，但2006 年发布的"全球快乐国度排行榜"中，不丹却名列第八位，位列亚洲第一位，所以不丹也被称为亚洲最幸福的国家。1972 年，不丹国家领导者第四代国王 Jigme Singye Wangchuck 认为不丹要用精神追求来衡量国家和人民幸福状况，创造性地提出了由政府善治、经济增长、文化发展和环境保护四级组成的"国民幸福总值"（GNH）指标，由此，国民幸福总值（Gross National Happiness，GNH）应运而生了。在不丹，国民幸福总值是以物质和精神的富有作为国家经济发展政策之源，也是不丹对社会经济发展的特色表达。

从经济角度来看，近年来不丹的社会经济发展速度较快，第二产业和第三产业占比超过80%，旅游业和农业是不丹的主要产业。不丹优美的自然环境、深厚的文化底蕴，吸引世界各国的人员前来旅游，但不丹限制年度入境旅游者的数量，对游客征收每人每天200美元的旅游费，以确保生态保护和优质管理。政府对旅游经营者制定了《工作手册》，同时对旅游者颁布《行为规范》，禁止使用塑料袋，每年从旅游业获得的收入仅300万美元。2017年，农业约占GDP的17.37%。第二、三产业近年来发展较快，2017年分别占GDP的40.57%和42.06%。水力发电是不丹经济重要组成部分，约72%水力发电出口于印度，水电及相关建筑业已成为拉动经济增长的主要因素。

2013—2017年，不丹GDP增长分别为2.14%、5.75%、6.49%、7.99%、4.63%。2017—2019年，GDP增长率分别为4.65%、3.06%、5.46%。其中第三产业发展最快，其次分别为制造业、电力和建筑业。2013—2017年通货膨胀率分别为8.77%、8.27%、4.58%、3.22%、4.96%。2017—2019年，通货膨胀率分别为4.96%、2.72%、2.73%。2002年开始，制造业和服务业率先对外资开放，外资控股最高可达70%。由于不丹对外开放政策和基础条件等现状，致使其参与国际贸易和国际合作相对较少，特别是农产品国际经贸发展仍相对滞后。

近年来，不丹的社会经济发展较快。2016/2017财年国内生产总值约1646.28亿努［不丹的货币名称为努尔特鲁姆（Ngultrum），简称努（Nu），与印度卢比等值，1元人民币≈11.6努，1美元≈72.4努（2021年）］，同比增长4.63%，人均国内生产总值约2235.17努，外贸额1048.8亿努，外汇储备约11.03亿美元。2019年，国内生产总值为1782.02亿努（约25.46亿美元），人均GDP为240270.48努（约3432美元），GDP增长率为5.46%，年均通货膨胀率为2.73%。

第三节　人口与就业

截至2022年，不丹人口约76.3万，增长率约为0.94%，人口总数较建国时期增长了 50%，其中不丹族占总人口 50%，尼泊尔族占 35%。同时，不丹也是多民族国家，有沙尔乔普人（不丹东部的土著人）、噶隆人（大部分都居住在不丹西部，是 9 世纪中国藏族移民的后裔）、洛沙姆帕人（尼泊尔洛昌人）、印度人等其他民族分布。首都廷布（Thimphu），常住人口 5 万余人。不丹语"宗卡"和英语同为官方用语（南部多使用尼泊尔语）。藏传佛教（噶举派）为国教，尼泊尔族居民信奉印度教。

农业和林业劳动人口占总就业人口的 58%，其中农业人口为 15.9548 万人。

第十二章

不丹农业资源及其管理

不丹自然资源丰富，且保护完好。矿产资源有白云石、石灰石、大理石、石墨、石膏、煤、铅、铜、锌等。水电资源蕴藏量约为 3 万兆瓦，目前仅约 1.5% 得到开发利用。全国森林覆盖率约为 70.46%，自然保护区面积占国土面积的 51.4%。每万平方千米上有植物 3281 种（主要树种有婆罗双树、橡树、松树、冷杉、云杉、桦树等），并以丰富的名木花草闻名遐迩，苹果、柑橘等大量向印度和孟加拉国出口。

由于海拔高度形成的气候等差异，海拔 1200 米以下主要种植水稻、玉米和荞麦，海拔 1200～2700 米是大麦和稻米的轮作地带，小麦种植高度可至海拔 3000 米。山地缓坡开辟有果园（种植苹果、梨、桃、李、胡桃树等）。南部杜阿尔斯平原是主要稻米产区，其间也适量种植棉花。西南部园艺业较发达，是芒果、橙和香蕉的主要产区。畜牧业遍及全国各地，各农户饲养猪和山羊；北部高山原草地区畜牧业最集中，放养着大批牦牛、黄牛、马和绵羊。此外，在西部阿莫河和旺河谷地中，养牛业盛行。饲养的印度乳牛和杂交牦牛体形高大，产乳量也高于印度乳牛，所产黄油可满足生活食用，并供各喇嘛寺院作祭典用。

第一节　本土主要作物遗传资源

不丹作为山地国家，因其多样化的地貌和生态，植物资源丰富，且具有明显的垂直分布特征。主要作物有稻谷、小麦、玉米、油菜、青稞、荞麦等，蔬菜有白菜、辣椒、萝卜、红薯、马铃薯、蚕豆、芦笋、洋葱、生姜等，主要水果有柑橘、石榴、猕猴桃、芒果、苹果、桃、梨等。同时，还有丰富的药材资源。这些作物和园艺品种中有很多是不丹特有的本土资源。本书重点介绍不丹具有代表性的本地农业动植物遗传资源。

1. 传统水稻

不丹红米（图 12-1）是一种独特的中粒红粳稻和籼稻品种（粗壮品种和纤细品种均有种植）。红米是一种古老而珍贵的水稻品种，在不丹已经种植了几个世纪，与不丹人民有着很深的联系。在高海拔地区，当地水稻品种大致分为"Bja Maap"（红色果皮或谷类品种）和"Bja Kaap"（白色果皮品种），Bja Maap主要分布在海拔较高的地区，通常在海拔 1500 米以上，而 Bja Kaap 通常分布在海拔较低的地区。

官方公布的红米品种包括 Bajo maap I、Bajo maap II、Khangma maap、Yusi Rey maap 1 和 Yusi Rey maap 2，全国水稻平均产量约为 2.4 吨 / 公顷。

2. 甜荞麦

甜荞麦（*Fagopyrum esculentum*，图 12-2）主要生长在海拔相对较高的农业生态区，是自交不亲和的作物。在不丹，生产出来的荞麦有 61% 是作为家庭食物，其余的用于酿造和其他家庭用途。

图 12-1　不丹红米（图片由不丹农业与林业部畜牧司 Tashi Dorji 博士提供）　图 12-2　不丹甜荞麦（图片由不丹农业与林业部畜牧司 Tashi Dorji 博士提供）

3. 苦荞麦

苦荞麦（*Fagopyrum tataricum*，图 12-3）只生长一种花，属于自我繁殖的作物。在不丹的高海拔地区，苦荞麦和甜荞麦都是在 3—4 月作为春季作物种植，6—7 月收获，然后是种植马铃薯为主的夏季作物（6—7 月种植，9—10 月收获）。

在中海拔地区，荞麦在 3—4 月作为第一轮作物种植，在 6 月收获，接着是夏季作物水稻。同样在 8 月开始收割玉米后再种植苦荞。在海拔较低的地区，荞麦作为冬季作物在 11—12 月生长，第二年 3 月收获，在 7 月收获水稻，8—9 月收获玉米之后再轮种苦荞，12 月到第二年 1 月进行收获。

图 12-3　不丹苦荞麦（图片由不丹农业与林业部畜牧司 Tashi Dorji 博士提供）

4. 青稞

青稞（*Hordeum vulgare*，图 12-4）生长在不丹的中海拔地区。它被分为四种生态类型：果仁、裸穗、二行穗、六行穗。它又被进一步分为冬季和春季类型。研究显示，不丹青稞品种与我国西藏的青稞品种相似。在不丹，青稞总产量的 37% 被用作食物，63% 用于酿酒、动物饲料、宗教活动用途。在高海拔地区，春青稞在 3—4 月种植，6—7 月收获；而冬青稞在 10 月种植，也在第二年 6—7 月收获。在中海拔地区，春青稞在 2—3 月种植，5—6 月收获；冬青稞在 9—10 月种植，第二年 4—5 月收获。

5. 小米

在不丹小米（Finger millet）又叫龙爪稷（*Eleusine coracana*），其总产量的 47% 被作为食物食用（图 12-5）。在高海拔地区，小米可以在玉米间作种植，也可以在 4 月纯种，10 月收获。它也生长在 6—7 月，收获在 10—11 月。在中高海拔地区，通常在 4—5 月种植，10—11 月收获。在低海拔地区，6 月建立苗圃，

7—8 月移植，11—12 月收获。

图 12-4　当地青稞品种

图 12-5　不丹龙爪稷

第二节　本土主要畜禽遗传资源

不丹的畜禽主要包括黄牛、水牛、牦牛、绵羊、山羊、马、猪以及鸡等。不丹对外来品种引进很慎重，畜产品生产主要依靠本土资源。

一、本土牛种资源

1. Nublang 黄牛

Nublang 黄牛（图 12-6 和图 12-7），Nub 意为西部、西方，Lang 是指公牛的通用术语，Nublang 是一种当地的牛品种，被认为起源于 Sombaykha 地区 Haa 区，同时当地人也称该品种的公牛为"Chulang""Thralang""Tsolang"，母牛为"Thrabum"。

Nublang 需要更少的饲料，对恶劣环境的适应性很强。根据不丹农业与林业部 2019 年牲畜统计报告，不丹的 Nublang 和 Thrabum（公母）总数量为 97940 头，约占不丹牲畜品种总数的 32.4%。其外貌特性而言，体毛颜色较杂（常见有黑色、黑白花、红的、红白花等颜色），平均体高为 111 厘米，平均体长为 127 厘米，平均胸围 149 厘米，平均体重为 249 千克。就生产参数方面，平均初配年龄 43 月龄，平均初产年龄 55 月龄，平均产犊间隔 646 天，平均妊娠期 279 天，平均泌乳时长 264 天，年平均泌乳量约 465.6 升，平均脂肪约 4.35%。政府的养殖农场和项目计划正在努力保护该品种。

图 12-6　Nublang 公牛

图 12-7　Thrabum 母牛

2. Goleng 黄牛

Goleng（Bajo）牛（图 12-8）是一种源自我国西藏地区的黄牛，在不丹的高海拔地区与牦牛一起饲养。在不丹中部，它们被称为"Wengba"，意思是"来自西藏农区的牛"。20 世纪 60 年代初，Goleng 牛随着我国西藏地区的移民来到不丹中部。该种牛大多是黑色的，有时也有白色、黑白或

图 12-8　Goleng 公牛

棕色，身体被毛较多，小角向上和向外突出。一头成年公牛体重 180～200 千克，母牛每天产奶 0.8～1 升，含脂率为 5%～6%。在产奶量方面，Goleng 牛并不是典型的首选牛，但它因易于饲养、繁殖能力强和寿命长而获得了很高的评价。Goleng 公牛与母牦牛杂交，生出较高品质的犏牛，当地称 Zo（公牛）和 Zom

（母牛），这是来自于藏语的对公母犏牛的称呼。目前没有任何针对该品种牛的保护计划。

3. Jaba 黄牛

Jaba 黄牛（图 12-9）是一种小型瘤牛，由与印度接壤的南部地区的农民饲养。Ja 指印度，ba 指牛。该品种牛适用于低投入系统，主要用途为奶用和役用。该种牛被毛颜色较杂（颜色由黑到白，即黑色、棕色、灰色、白色、黑白花等）。公牛体高约 97 厘米，体重约 150 千克，对多种疾

图 12-9　Jaba 公牛

病具有耐抗性。然而，由于与外来品种杂交和缺乏保护措施，目前其种群受到了威胁。

二、Mithun 牛资源

Mithun（*Bos frontalis*）牛（图 12-10 和图 12-11）是半野生牛种。Mithun 的当地名称为 "Bamen"，意思是 "来自印度东北部 Moen 地区的牛"，该地区有最多数量的 Monpa 部落人口。从不丹的语境来看，Moen 通常指的是那些部落社区，通过动物祭祀活动来安抚神灵。事实上，Mithun 在 Arunachael Pradesh 邦被用作祭祀动物，每年有数百头牛在名为 Nyakum Yullo 的宗教节日被宰杀。

在不丹社会，拥有一头 Mithun 牛被认为是 "诺布"，意思是 "宝贝"，是财富和地位的象征。Mithun 牛在不丹不作为肉用，它通常被用于与 Thrabum 牛（不丹当地的牛）杂交，以生产高质量的杂交品种 Jata 牛和 Jatsam 牛。Jatsa 牛是优良的役畜，而 Jatsam 牛的产奶量相当可观，每天 4～6 升，含脂率超过 5%。不丹当地农民根据它们的外貌和表现，将 Mithun 牛分为 Lachong、Gamba、Shilla 和 Guli 四种类型。不丹有两个 Mithun 牛保护农场，也通过人工授精推广该品种牛。

图 12-10　Mithun 种公牛　　　　　　图 12-11　Mithun 母牛

三、不丹牦牛资源

不丹牦牛（*Bos grunniens*）（图 12-12）养殖是不丹畜牧系统的不可缺少的一个组成部分。在不丹的 20 个地区中，大约有 10 个地区从事牦牛养殖业。牦牛是不丹高原人的主要生计来源，目前牦牛的存栏数为近 6 万头。根据微卫星标记的遗传距离估计和系统发育变异，不丹牦牛多样性群体可分为西部和中部地区的牦牛，可以被认为是一个单一的种群，不同于东部的不丹牦牛。

西部地区牦牛雌雄体型均大于中部和东部地区（中部地区牦牛的体型参数介于东西部两个种群的数值之间）。即西部地区牦牛的体高为 117～136 厘米，体重为 264～419 千克不等；东部地区牦牛的体高为 113～138 厘米，体重为 239～323 千克不等。

图 12-12　不丹西部的公牦牛

四、本土绵羊资源

1. Jakar 绵羊

Jakar 绵羊（图 12-13）产于不丹中部的黑山山脉，当地人称该品种来源于我国西藏地区。Jakar 绵羊体型小，主要为中央黑色被毛，头和四肢为棕色，中细毛。大多数母羊无角，公羊有角。体高为 58.9～63.4 厘米，体长为 65.2～69.8 厘米，胸围 72.1～77 厘米，耳长 10.5～10.8 厘米。

2. Sakten 绵羊

Sakten 绵羊（图 12-14）分布于不丹东部，口述历史似乎可以追溯到我国西藏东南部的错那县及其周边区域。据说，现在的 Sakten 绵羊迁徙时间可以追溯到公元 7 世纪著名的吐蕃王朝松赞干布时期。Sakten 绵羊中等体型，被毛呈白色中混有黑色或棕色（黑色或棕色主要在头部），相对较细。雌雄羊都有角，鹰钩鼻。体高为 64.4～65.4 厘米，体长为 66.3～68 厘米，胸围为 77.3～80.2 厘米，耳长为 10.9～11.7 厘米。

图 12-13　Jakar 绵羊　　　　　　图 12-14　Sakten 绵羊

3. Sibsoo 绵羊

Sibsoo 绵羊（图 12-15）被认为与我国西藏地区羊品种有着密切的关系。其体格相对较高大，有呈斑纹的白色，长有粗毛，头部多为黑色，少数无角，罗马鼻子，短而呈管状的耳朵，多见双胞胎，并以多产而闻名。该羊体高为 67.3～70.6 厘米，体长为 71～72.9 厘米，胸围为 78.6～79.4 厘米，耳长 7.9～8.6 厘米。

图 12-15　Sibsoo 绵羊

4. Sarpang 绵羊

Sarpang 绵羊（图 12-16）主要分布在不丹南部的 Samtse、lower Chukha、Sarpang 等地区，与印度东北部的羊有相似之处。该羊体型小，雄性有角，雌性无角，大多数呈白色被毛，体高为 57.6～59.8 厘米，体长为 59.5～63.4 厘米，胸围为 69～71 厘米，耳长为 7.2～8.4 厘米。

图 12-16　Sarpang 绵羊

五、本土马品种资源

1. Yuta 马

Yuta 马（图 12-17）属于矮种马。该品种马的特征是具有强壮的前肢和狭窄的胸部，尾巴大多是近飞节的，蹄坚硬而结实。它们行走脚步稳健、体格强壮、奔跑技能熟练、勇敢，对当地环境的适应性很强。毛色呈多样性，从黑色到月桂色、从灰色到白色不等。与它们的体重（40～80千克）相比，其承载能力相当高。Yuta马易饲养管理，平均体高为123厘米，胸围为139～140厘米，管围为14.5～17厘米。

2. Merak-Saktenpata马

Merak-Saktenpata马（图12-18）在不丹东部的Merak Sakten牦牛放牧社区很常见，该品种马体型结构好，胫骨薄，后腿常近飞节，体高约129.3厘米，胸围约143厘米，管围约17.3厘米。

图12-17　Yuta马

图12-18　Merak-Saktenta马

3. Boeta马

Boeta马（图12-19）是在不丹中部发现的矮种马。该品种马的毛色不一致，其体型特点是身体紧实，胸部发达，背部强壮，脖子较短，肩相对低，肌肉发达，后躯倾斜，背直、胸深、肩直，尾巴端正，臀部结实，腿短而强壮，胫骨结实，马蹄坚硬结实。Boeta马以能长距离运送货物而闻名（而且适合在丘陵地带运输）。

图12-19　Boeta马

它们聪明而强壮，体高约124.4厘米，胸围约143.6厘米，管围约16.1厘米。

六、本土山羊资源

不丹本土山羊（图 12-20）是起源于古山羊类型的一种野山羊，目前总数近 3 万只。在不丹，山羊被作为肉用、肥料（羊粪）、宗教祭品和商业用途。该品种羊不论公母，被毛大多为黑色，少有白色和棕色，有典型的黑色背线，角大多是扭曲的，脸有胡须。耳朵一般是横向下垂，其平均体长约 54.8 厘米，胸围约 61.7 厘米，体高约 51.8 厘米，耳长约 12.6 厘米。成年公羊体重为 25～30 千克，母羊体重 20～25 千克。

通过对其形态学、生化和线粒体 DNA 变异研究表明，地方山羊种群间频率差异不显著。然而，南部地区的印度品种或北部的我国西藏山羊会对它们产生遗传影响。不丹本地山羊体型较小，但以产肉性能和质优、肉鲜嫩可口而闻名。该品种山羊成年活重约 15 千克。不丹人不习惯喝山羊奶，山羊奶消耗极低。该羊性成熟期为 6.8 月龄，初产年龄为 12.2 月龄，产羔间隔为 6.5 个月。

图 12-20　不丹本地山羊

七、本土鸡遗传资源

1. Bobthra 鸡

Bobthra 鸡（图 12-21）被认为是不丹原鸡的直系后代。由于这种鸡与红色原鸡非常相似，所以被当地人称之为 Bja Katseri 鸡。在羽毛方面，雄性有丰富的金棕色到红棕色的头，胸部和身体呈小麦色。尾巴呈墨绿色，带镰刀状羽毛。雌性有橙红色的头，毛是浅橙色的，每根羽毛中间有黑绿色的条纹。Bobthra 鸡通常鸡冠呈玫瑰色，肉垂呈豌豆状，耳垂呈梳子状。公鸡的垂肉呈红色且较大，长度中等；母鸡的垂肉又圆又小，耳垂小而呈长方形。小腿和脚趾有石板色、黑色、黄色和白色等。

图 12-21　Bobthra 公鸡（左图）、Bobthra 母鸡（右图）

2. Yubjha kaap 鸡

Yubjha kaap 意为白色的，该品种鸡（图 12-22）全身都是白色羽毛，毛色光亮到暗淡不等。鸡冠和肉垂呈单瓣梳状，都是红色的，耳垂呈白色，小腿和脚趾呈白色和蓝灰色。

3. Barred yubjha 鸡

Barred yubjha 鸡（图 12-23）不论公母羽毛都有明显的黑白相间条纹，且条状大小不规则，但整个鸡身被羽毛均匀地覆盖着。公鸡的羽条通常比母鸡的更窄、颜色更深，翅膀下有白色羽毛，有中等大小的椭圆形垂肉和耳垂。鸡冠和肉垂都是鲜红色的，腿和脚趾干净且呈黄色（少数呈石灰色）。

图 12-22　Yubjha kaap 鸡　　　　　图 12-23　Barred yubjha 鸡

4. Belochem 鸡

Belochem 鸡（图 12-24）的羽毛图案和颜色都不同，这种鸟的特征是头上长有羽，它们看起来很时髦，鸡冠非常小，有些可能被冠毛掩盖，小腿呈蓝灰色和黑色。

5. Yubjha naap 鸡

Yubjha naap 鸡（图 12-25）整个身体的羽毛呈黑色，从亮绿黑色到暗黑色不等，该品种鸡的肉有药用价值。公鸡有中等大小的梳状鸡冠，母鸡的鸡冠小而清晰。它们有深色的鸡冠、肉垂、小腿和皮肤，小腿呈灰蓝色，有些呈完全黑色。

图 12-24　Belochem 鸡　　　　　图 12-25　Yubjha naap 鸡

八、本土猪资源

不丹本土猪的体型外貌特征与野猪非常相似，总数不足 1000 头，濒临灭绝，主要分布在不丹的西部和中西部。不丹本土猪有黑色的毛发和黑色的皮肤，蹄色从黑到白，尾巴颜色黑白相间，很少有灰色，耳朵直立，额头平直并有突凸。成年猪体重为 60～80 千克，体高约 60.42 厘米，胸围约 52.46 厘米，耳长约 7.3 厘米，尾长约 15.42 厘米，奶头的数量大多是 5 对（很少有 6 对以上的）。母猪初配年龄为 5～12 月龄，产仔数为 3～9 头，具有良好的适应能力和母性。

不丹的两种本土猪分别为 Doemphab 猪（图 12-26）和 Jithuphab 猪（图 12-27），前者体型大，耳朵又小又平，并呈直立状，后者体型小，肚子鼓起来，耳朵又小又平。

图 12-26　Doemphab 猪

图 12-27　Jithuphab 猪

第三节　本土主要园艺资源

不丹的园艺资源丰富，且大部分为本土资源，是不丹农业育种的重要种质基础。这些本土品种的蔬菜、水果、坚果虽然产量不是很高，但是非常适应不丹不同的生态条件，且产品的风味独特，个性明显，是不丹发展有机农业的重要资源。不丹本地蔬菜资源丰富，具有代表性的是辣椒和豆类。

1. 辣椒资源

辣椒（*Capsicum* spp.）是不丹农民最重要的经济作物之一，也是不丹烹饪中不可或缺的配料。在引进改良品种之前，当地的农民一直在种植古老的传统辣椒。随着时间的推移，辣椒已经适应了当地的自然条件，产生了许多不同的地方品种。在不丹最受欢迎的传统菜 Emadatse，就是用辣椒和奶酪制成的。

辣椒的消费通常有鲜辣椒和干辣椒两种形式，新鲜的不丹辣椒从早春到秋天都可以买到，干辣椒全年都可以买到，但要在新鲜的不丹辣椒供应减少时，干辣椒才开始进入市场。在春天，早辣椒可以卖到高价，而干辣椒的价格总是很高。

不丹栽培最多的辣椒主要为五个（Sha ema、Begup ema、Parop ema、Dallae Khorsani 和 Urka Bangla）传统品种。

（1）Sha ema 辣椒（图 12-28）。该品种属一年生辣椒种。其特点是果长，花端钝（平均长约 9 厘米，宽 3 厘米），有轻微的刺激性。它生长在不丹中西部的旺杜波德朗（Wangdue Phodrang）地区。

（2）Begup ema 辣椒（图 12-29）。属于 Capsicum annum 辣椒家族，有很强的辣味。在 Paro 和 Chukha 地区普遍种植。果实又长又细（平均长约 13 厘米，宽 2.2 厘米），头细尖，干燥后会起皱。

图 12-28　Sha ema 辣椒

图 12-29　Begup ema 辣椒

（3）Parop ema 辣椒（图 12-30）。主要生长在帕罗地区，其果实比 Sha ema 辣椒小而薄，辣椒体（平均长约 5.7 厘米，宽 1.8 厘米）较小，有轻微的刺激性。

（4）Dallae Khorsani 辣椒（图 12-31）。源自中国，生长在不丹南部海拔 1000 米以下的温暖地区。果实呈圆形（平均长约 2 厘米，宽约 2 厘米），辣味浓烈。

图 12-30　Parop ema 辣椒

（5）Urka Bangla 辣椒（图 12-32）。也叫 Yangtsi ema，属于 Capsicum annum 辣椒，主要生长在不丹东部的 Tashiyangtse 区。该辣椒的叶子比其他品种的大，

株高短，约 54 厘米，其果实比 Sha ema 辣椒短而宽，果皮较厚，长约 5.4 厘米，果的末端有三个侧裂片状的特征，辣味较强。

图 12-31　Dallae Khorsani 辣椒

图 12-32　Urka Bangla 辣椒

（6）Tangmachu 辣椒（图 12-33）。主要生长在不丹东部的 Lhuntse 区，株高很高，约为 71 厘米；果实细长，约 10 厘米，宽约 3 厘米；果皮光滑、略厚，辛辣味适中。

（7）Khadrapchu 当地辣椒（图 12-34）。主要生长在不丹的首都 Thimphu 行政区，株高为中等，约 60.13 厘米；果实大小约为 13 厘米 ×2.4 厘米，呈细长型，辣味中等。

图 12-33　Tangmachu 辣椒

图 12-34　Khadrapchu 当地辣椒

2. 常见豆类（*Phaseolus vulgaris* L.）

截至 2017 年，不丹的豆类种植面积为 3739 英亩[①]，为蔬菜作物种植规模的第二位。表 12-1 显示了在不丹西部发现的 14 种豆类的形态特征，在这 14 个品种中，有 3 个品种是确定的（图 12-35）。

表 12-1　各种豆类品种的特征

当地名称	种植 60 日后的开花比例 / %	花颜色	生长习性
Daganey	50	无描述	已确定
Gew Bori	50	白色和紫色	未确定
Chakharpa	50	偏红粉色	未确定
Kenkharpa shepen	20	白色	未确定
Muka Shepen NBC	50	乳白色	未确定
Kalo Bori NBC	50	紫色	未确定
Local Creamy	50	白色和乳白色	未确定
No ID	50	紫色	未确定
Local brown	50	红粉色	未确定
No ID	50	黄色圆夹体	已确定
No ID	50% 结果	乳白色，白色和紫色	已确定
Patang Orey（NBC）	无记录	无描述	未确定
Pangbisa（NBC）	无记录	无描述	未确定
Punakha Local	无记录	无描述	—

[①]　1 英亩≈4046.86 米²。

图 12-35　不丹本地不同豆品种的种子

第四节　本土主要草地资源

放牧是不丹家畜主要的养殖方式，由于海拔和气候影响，草地多样性相对丰富，天然草地牧草品种多样，草地覆盖度高。

一、天然草地类型及其牧草资源

不丹的草地类型因地理位置和海拔不同，呈现不同的草地类型。随着海拔的升高，植被类型从亚高山森林变成了高山峻岭。不太陡峭的朝南和朝东南的山坡暴露在阳光下，不会限制人和动物的活动，这些山坡生长着开放的草甸或低矮的干燥高山灌木，而一般比较陡峭的朝北阴暗山坡在高海拔地区被亚高山森林和湿润的灌木所覆盖。

研究指出，在不丹放过牧的夏季牧场上，草类约占地表覆盖物的44%，草本植物约占43%，乔木和灌木约占13%。在冬季牧场，草类约占38%，草本植物约占56%，乔木和灌木约占6%。在这项研究中，灌木下的地表覆盖物平均百分比约18%，草地上的草本植物和草约60%（表12-2）。

表 12-2　不丹天然草地牧草资源

生态位点	主要树种	主要灌丛属	主要草本植物属	主要草类和莎草属
阿尔卑斯山坡（AS）（海拔4800～5500米）	—	—	Delphenium，龙胆属，Rhuem，景天属，梭梭属	薹草属，早熟禾属，剪股颖属
高山草甸（AM）（海拔3700～5000米）	—	—	Delphenium,Rhuem,龙胆属，报春花属，青蒿	羊茅属，针茅属，早熟禾属，剪股颖属，扁芒草属
干燥的高山灌木丛（DAS）（海拔3700～4200米）	刺柏属Albies	刺柏属，麻黄属，忍冬属，蔷薇属，杜鹃花属，Lepidotum，枸子属。	紫菀属，欧银莲属，报春花属，黄精属，滇紫草属，野决明属，Calthus，马先蒿属，委陵菜属	针茅属，扁芒草属，披碱草属，羊茅属，剪股颖属，Authrox，薹草属，灯芯草属
潮湿的高山灌丛（MAS）（海拔3800～4500米）	刺柏属Albies	杜鹃花属，柳属，水柏枝属，花楸属	报春花属，Calthus，Sausaria，委陵菜属，千里光属，Dandallion	薹草属，早熟禾属，披碱草属，针茅属，扁芒草属
亚高山森林（SAF）（海拔3300～3700米）	桦木属，杜鹃花属，刺柏属，Albies，落叶松属，槭属	蔷薇属，Rhibes	Delphenium，报春花属，Calthus，虎耳草属，委陵菜属，龙胆属	羊茅属，早熟禾属，薹草属，扁芒草属，披碱草属
河岸森林（随谷底变化而变化）	桦木属，落叶松属，杜鹃花属	柳属，蔷薇属，Hippocacia	报春花属，Calthus，委陵菜属	披碱草属，剪股颖属

二、牧草产量

在 Ganglakachu 牧场的未放牧草地上，不同地点牧草的干物质（DM）产量估计值在 258 千克 / 亩至 1209 千克 / 亩（表 12-3）。在 Lunana 地区的 Nyisharling 牧场，严加保护的冬季牧场干物质产量约 930 千克 / 亩。产量估计值只反映在评估时的草产量，而不是年度累积产量。在夏天放牧时得到良好控制的牧场，尤其在早春变成郁郁葱葱的绿色，夏末可以得到良好的收益。反之，则是徒劳的，如在 Lungothang、Rodophu、Pangtegang 和 Gopula 放牧管理不规范的牧场，苔藓覆盖占地面覆盖很大的比例，致使夏天牧草没有显著的增长潜力。

三、植物组成与地被植物

在不丹高山草原的完全保护区观察到的优势种是 *Carex norvegia*（薹草属某一种）。中间物种包括三毛草属、异燕麦属、雀麦属、披碱草属和针茅属草种以及委陵菜属、拳参属、报春花属和毛茛属草种。不适口的有杜松、束草等少数品种。杜鹃花、栒子属和小檗属物种在大多数地区都很普遍。在过度放牧的地区，羊茅属、剪股颖属和早熟禾属植物很常见，并有大量的莎草和芦苇物种。

到目前为止，非禾本草本植物是最重要的植物，平均占研究范围 41% 的地被覆盖（表 12-3）。只有在未放牧的牧场（如 Ganglakachu 牧场）和放牧较少的牧场（如 Nyisharling 牧场），莎草和禾草物种占主导地位，并逐渐形成单一物种栽培。在 Laya 地区的 Rodophu 牧场和 Lungothang 牧场记录到的物种数量最多，在 Ganglakachu 牧场的未放牧的苔草草地记录到的物种数量最少。

在 Lunana 地区的 Mendathang 牧场，裸露的地面包括低等植物形式（苔藓和地衣）是受洪水损害最严重的地方，紧随其后的是 Lingshi 地区的 Gopula 牧场。记录到的裸露地面比重最大的地区也是 Laya 地区和 Lingshi 地区过密的地区。

表 12-3　牧场的草皮高度、干物质（DM）产量、植物成分和地面覆盖物

地区	牧场	评估时间（年-月）	草皮高度/厘米	草皮产量/（千克干物质/公顷）	草本植物		草地		莎草		贫瘠土地
					物种数量	% 盖度	物种数量	% 盖度	物种数量	% 盖度	% 盖度
Laya	1-Lungothang	1993-07	2.5	400	14	47（4）	4	23（4）	2	13（2）	17（2）
	2-Omtsa	1994-03	2	300	7	43（2）	2	13（2）	2	9（1）	35（5）
	3-Rodophu	1993-06	4	300	13	38（5）	3	7（1）	2	15（2）	38（3）
	4-Gnarithang	1993-06	4.5	400	8	20（3）	3	19（5）	2	31（2）	30（2）
	5-Chukarthang	1993-07	6	500	6	57（7）	1	1（1）	3	35（2）	6（2）
	6-Limethang	1995-06	4.6	610（35）	7	70（4）	2	2（1）	3	19（3）	9（1）
	7-Shingja	1995-06	2.3	334（16）	10	43（2）	4	10（2）	3	23（2）	24（1）
	8-Tsherijathang	1995-06	1.6	260（8）	8	41（3）	4	12（2）	3	22（3）	25（3）
Lunana	9-Ganglakachu	1995-09	9.8	1209（78）	2	4（2）	1	1（1）	1	91（1）	5（1）
	10-Tenchoteng	1995-09	2.1	319（25）	9	83（2）	3	3（1）	1	13（1）	1（1）
	11-Nyisharling	1995-09	7.4	930（24）	8	31（3）	1	46（4）	0	0	22（3）
	12-Pangtegang	1995-09	3.2	330（18）	8	45（6）	2	8（2）	2	17（4）	30（5）
	13-Mendathang	1995-09	0	—	0	0	0	0	2	10（1）	90（1）
Lingshi	14-Zumeri	1995-06	2.3	337（10）	11	42（3）	3	8（2）	3	30（3）	20（2）
	15-Gopula	1995-06	1	258（10）	3	12（5）	3	7（2）	1	6（1）	75（6）
	16-Jarila	1995-06	2	304（9）	7	72（5）	1	12（1）	3	11（1）	5（1）
	平均值		3.7	453	7.5	41	2.3	11	2.1	22	27
	标准差		2.4	272	3.5	23	1.2	11	1	22	23

四、牧草质量

在不丹，牧草粗蛋白质含量（CP）最高的是拳参属，其次是紫菀属（表 12-4）。在平均 CP 含量约为 13% 的情况下，在披碱草属的草场高寒草甸牧草表现出高钙（Ca）水平（2.11%）。铁（Fe）的水平可能是纯薹草草场，表现为异常高的 1176 ppm（百万分之一）。

表 12-4　不丹不同草地类型的粗蛋白和矿物质含量

草地类型	灰分 /% DM	粗蛋白 /% DM	钙 /% DM	钠 /% DM	钾 /% DM	磷 /% DM	铜 /（毫克 / 千克干物质）	铁 /（毫克 / 千克干物质）	锰 /（毫克 / 千克干物质）	镁 /（毫克 / 千克干物质）
披碱草属	8.0	11.3	2.11	0.02	2.99	0.31	2.0	—	75.0	44.18
紫菀属	5.5	13.6	0.96	0.02	4.96	0.22	4.0	139	115.0	22.23
拳参属	5.8	14.7	0.95	0.05	2.96	0.29	9.0	177	179.0	24.17
薹草属	4.8	9.1	0.14	0.23	1.58	0.08	44.0	1176	302.0	15.91
针茅属	4.3	7.9	0.38	0.02	1.19	0.10	21.0	200	244.0	25.24
平均值	5.7	11.3	0.91	0.07	2.74	0.20	16.0	423	91.5	26.35

喜马拉雅山的低海拔地区有相当密集的植被，人类的活动对那里的植物群落产生了很大的影响，大面积的原始森林覆盖已经被清除，用于梯田式的耕种或用于放牧。在不丹，有些地区的耕地海拔高度达到近 4000 米。然而，特别是在高海拔地区，不丹的人口密度比邻近的尼泊尔和喜马拉雅地区低得多。过去，对不丹高海拔地区植被有深远影响的主要是人类活动，人们定期使用火来改善放牧环境。焚烧一度被不加选择地用来开辟森林地带使之成为放牧区域，或成为控制动物难吃的灌木和杂草进入开放的牧场，同时银杉和楠木林这样的高大树木也受到火灾的破坏。自禁火以来，大多数牧场又恢复了灌木植被，但放牧质量却很差，许多工作人员建议使用规范的燃烧来提高牧场的生产力（Miller et al.,1987）。

第十三章

不丹农业发展现状、趋势与需求

不丹的国土地势高低悬殊较大，北高南低，从北至南逐渐下降，分为北部高山区、中部河谷区和南部丘陵平原区，全国除南部杜瓦尔平原（Duars Plain）外，山地占国土面积的 95% 以上。另外，不丹各地的海拔高度相差很大，一是全国海拔最低位于东南地区的马纳斯河（The Manas Chhu），它的海拔高度只有97 米，另外则是北部喜马拉雅山脉，那里的山峰海拔高度都在 6000～7000 米，其中库拉岗日山（The Kula Kangri）海拔高度达到了 7554 米，是不丹国土的最高点。不丹南部山区属亚热带气候，湿润多雨，年降水量为 5000～6000 毫米；中部河谷区，气候温和，年降水量为 760～2000 毫米。不丹冰川主要位于不丹北部的高山地区，约占不丹国土总面积的 10%。这些冰川是不丹河流重要的源头，每年都可以给不丹的人民带去大量的清新水资源，致使不丹水电资源丰富并向印度出口，水电及相关建筑业已成为拉动不丹经济增长的主要因素。

第一节　农业发展的现状与趋势

农业是不丹的支柱产业。20 世纪 50 年代实行土地改革后，98% 以上的农民拥有自己的土地、住房，平均每户拥有土地 1 公顷多，粮食基本实现自给。2015年，农业和林业劳动人口约占总就业人口的 58%。2017 年，农业约占 GDP 的17.37%，主要农作物有玉米、稻子、小麦、大麦、荞麦、马铃薯和小豆蔻。畜牧养殖较普遍，主要畜种有黄牛、牦牛、山羊、马、水牛、猪和鸡，其中当地品种占 83%，改良品种占 17%。

不丹森林覆盖面积达 29045 平方千米，占国土总面积的 73%（其中多是原始森林），森林不仅是不丹国家生态系统的支柱，也对其经济建设发挥着举足轻重的作用，主要树种有婆罗双树、橡树、松树、冷杉、云杉、桦树等。

191

一、发展现状

不丹是一个内陆国家，国土主要由脆弱的山地生态系统和大面积的积雪和冰川组成，也是典型的农业国家，全国分为六个农业生态区（表13-1），仅有约7.8%的土地适于耕种，而现有实际耕地只占其中的2.93%。耕地的灌溉面积不到总耕地面积的18%，灌溉主要依赖当地的季风降雨。

不丹仍然延续着自给自足的小农耕种模式（平均每户拥有约2.86英亩土地），是不丹农业领域的主要组成部分［不丹统计局（BLSSR），2017］。农业产业为全国约57.2%的人口提供了就业机会［不丹劳动和人力资源部（LFS），2016］，其农业和畜牧业收入约占国内生产总值的10.05%。由此可见，农业是推动当地经济增长的核心产业，是经济发展政策下的"五大重要板块"之一［不丹经济部（EDP），2016］。

尽管当前不丹的经济发展水平正日益提升，但贫穷依旧是制约该国发展的主要阻碍，尤其是在农村地区。据统计，不丹的贫困人口数约占全国总人口数的8.2%［不丹统计局（BPAR），2017］，其中，农村贫困人口约占11.9%，而城市贫困人口约占0.8%，约93.7%的贫困人口居住在农村地区。值得欣慰的是，农业领域的贫困发生率已经从2012年的18.5%下降到2017年的9.6%，97%的家庭有能力解决温饱问题［不丹统计局（BPAR），2017］。

表 13-1　不丹的六大农业生态区

农业生态区	海拔 / 米	温度 / ℃			降雨量 / （毫米 / 年）	备注
		每月（最高）	每月（最低）	年平均		
潮湿的亚热带区	150～600 150～600	34.60	11.60	23.60	2500～5500 2500～5500	农业占主导地位
湿润的亚热带区	600～1200 600～1200	33.00	4.60	19.50	1200～2500 1200～2500	农业占主导地位
干燥的亚热带区	1200～1800 1200～1800	28.70	3.00	17.20	850～1200 850～1200	农业占主导地位
暖温带区	1800～2600 1800～2600	26.30	0.10	12.50	850～1200 850～1200	农业占主导地位

续表

农业生态区	海拔/米	温度/℃			降雨量/（毫米/年）	备注
		每月（最高）	每月（最低）	年平均		
寒温带区	2600～3600 2600～3600	22.30	0.10	9.90	650～850 650～850	农业占比较小
高山区	3600～4600 3600～4600	12.00	-0.90	5.50	<650 650	畜牧业占主导地位

注：数据来源于不丹农业与林业部（1992年）。

1. 农业政策

在制度上，农业和林业部门下属的可再生自然资源部门（RNR）主管当地的农业发展，该部门负责促进当地的经济增长、扶贫工作、创造就业、社会发展和环境管理，具体目标是"实现社会与自然和谐相处的可持续繁荣发展以及粮食产品的自给自足"［不丹农业与林业部（MoAF），2018］，其所有目标、方针以及实施方案基本上都是依据国民幸福指数的哲学理念而制定的。政府认为，农业是实现经济多元化、减少贫困和创造更具包容性增长的优先领域。目前，不丹正在通过强有力的政策支持，以促进农业产业化的快速发展，促使其从原始的小农经济向近现代工业化过渡，并将全球价值链引入不丹农业的发展，使其能吸引到更多的私人投资。RNR采取的一些关键性战略措施包括：

①不断优化升级，实现资源的高效利用；

②实现农业机械化和商业化；

③完成土地的开发和管理、水资源的管理和灌溉、自然和生物多样性资源的可持续管理和利用并将气候变化和灾害治理纳入主要的工作内容中；

④注重研发与创新，采用先进的技术，完善基础设施建设，强化信息的管理和传播，以及加强体制化建设和人力资源开发。

在宏观和微观层面，不丹都有一系列特定的政策。2014年颁布的《国家食品及营养安全政策》是不丹农业产业的指导性文件，该政策旨在要求国民合理利用食品资源，确保食物的可食用性和可获得性，尽可能维持稳定的生产条件，满足全国人民的需求，从而保证国民能够随时随地获取充足、优质、种类丰富且营养价值高的安全食品，以满足他们的生存需求和饮食喜好。2012年提出的《畜牧业发展政策》指出，要制定和推广畜牧产品综合价值链，满足国民对畜牧产品（肉类、牛奶、奶制品、蛋类和鱼类）的需求，促进国家的粮食安全。国际山地综合开发中心以及不丹农业与林业部联合推出了《2018 有机农业发展战略》，明确了不丹实现 100% 有机农业愿景的途径。不言而喻，有机农业是非常符合不丹国民幸福指数这一哲学理念的。《国家灌溉政策（2012 年）》展望了水资源供应和使用体系的整体前景，致力于发展动态和可持续的灌溉系统，以强化国家的粮食安全和经济增长。《国家灌溉总体规划（2016 年）》明确了改善现有灌溉设施的需求，确定了灌溉位置、类型以及新的灌溉系统，并描述灌溉技术不断发展的可持续性操作流程，以确保国家粮食安全。《国家土地政策（2010 年）》表示可以将土地出租给私营部门，用于大规模的商业耕种。《国家经济发展政策（2016年）》将农业发展确定为"五大重点板块"之一，并着重强调提高农产品生产率和产量的重要性，以实现国家粮食安全，为农业产业和出口提供原材料。可再生自然资源部门发布的《国家营销政策（2017 年）》为提高可再生自然资源营销系统的竞争力、效率和有效性提供了指导，为小农户、农场以及中小企业提供了更优良的市场准入机制，以合理的价格为消费者提供了更优质的产品，并为地方和国家经济发展作出巨大的贡献。《国家财政激励措施（2016 年）》提出，从事农业和可再生自然资源相关商业活动的企业，以及在 2016 年 1 月到 2020 年 12 月 31 日已开始商业运营的企业，可享受 10 年的所得税减免。

此外，不丹还设立了一些国营企业，例如畜牧业发展合作公司和农业机械化合作有限公司，以获得更高水平的投资回报率，并加速农业的机械化进程。

与此同时，有关可持续化土地管理、农场道路建设、土地开发、高效用水技术研发和电子农业总体规划的最佳实践指导方针也已落实。《不丹合作社法案（2001 年）》通过立法加快合作社的发展，为推动农业类企业的发展提供了强有力的法律保障。《国家森林保护政策（2011 年）》和《不丹市场准入和利益共享政策（2017 年）》提倡通过提高能源的使用效率和加强环境管理的投资以及采用更清洁的现代技术，改善现有产品的制造工艺，促进绿色环保、自力更生的经济发展，从而实现碳平衡和可持续发展。

2. 农产品贸易

2016/2017 财年，不丹进口额 669.96 亿努，主要是基本的生活必需品，包括大米、肉类、奶制品和其他蔬菜（不丹运输统计局），由于国家人口的不断增长，以及农村人口不断向城市迁移和农业劳动力的持续减少，这些基本生活必需品的需求量也随之增加。出口额为372.97亿努，其中出口的可再生自然资源产品主要包括小豆蔻、马铃薯、水果等（表13-2）。

从2012年到2016年，其他蔬菜的出口增长了近296%，其次是生姜（110%）以及小豆蔻（108%）。主要经济作物的出口总值从2012年的13.79亿努增加到2016年的27.98亿努，实现了103%的增长率。其间，最大的收入来自小豆蔻，其次是柑橘，柑橘的出口没有市场限制，对外出口潜力很大。夏季其他蔬菜的出口潜力最大，马铃薯的出口受市场波动影响，无法以稳定的数量和价格出口。

表13-2 重要农作物出口量和产值的变化趋势（2012—2016年）

农作物名称	出口量 / 吨				
	2012 年	2013 年	2014 年	2015 年	2016 年
马铃薯	25658.20	21871.00	31733.00	19907.68	24460.18
其他蔬菜	2088.00	2822.00	3712.83	4678.00	8262.81
生姜	1448.30	12264.40	1230.20	2040.18	3037.68
小豆蔻	618.96	822.68	746.38	845.75	1289.01
柑橘	24432	24975	34560	17819	15545
其他水果及坚果	7900.00	6538.48	9993.27	5034.00	7730.98
苹果	3410	4304	4536	3488.00	3790.00
农作物名称	出口金额 / 亿努				
马铃薯	3.09	3.60	8.31	3.71	5.43
其他蔬菜	0.36	0.53	0.88	1.20	1.90
生姜	0.20	0.36	0.06	0.69	0.72
小豆蔻	4.25	6.56	7.89	9.41	13.42
柑橘	4.53	5.19	9.93	4.68	4.39
其他水果及坚果	0.88	1.24	2.10	—	0.84
苹果	0.49	0.99	1.39	1.02	1.28

注：数据来源于不丹财政部《不丹贸易统计》（2016年）。

大米、马铃薯和其他蔬菜是不丹最主要的进口商品。其中，大米作为不丹餐桌上的主食，每年的进口量仍然很大，马铃薯和其他蔬菜的进口主要是为了补充食物种类和淡季的储备。大米的进口量从 2012 年的 72290 吨增加到了 2016 年的 87671 吨，增幅约 21%（表 13-3）。比较而言，马铃薯的进口量大幅减少，基本实现了自给自足。

表 13-3　重要商品的进口量和价值（2012—2016 年）

商品名称	进口量 / 吨				
	2012 年	2013 年	2014 年	2015 年	2016 年
大米	72290.81	72592.40	79375.40	83646.10	87671.23
马铃薯	5285.00	5282.00	5272.00	103.98	85.38
其他蔬菜	13529.00	13229.95	15272.17	12732.05	13856.00
商品名称	进口金额 / 亿努				
大米	12.54	15.61	17.88	16.68	19.23
马铃薯	0.61	0.57	0.80	0.01	0.21
其他蔬菜	2.27	1.81	2.84	2.95	2.84

注：数据来源于不丹财政部《不丹贸易统计》（2016 年）。

3. 畜牧产品贸易

不丹的畜牧产品非常依赖进口（表 13-4），进口的畜产品通常以肉类为主，其次是乳制品。2016 年，不丹国内的肉类需求量为 11718.391 吨，其中 8918.391 吨来源于进口，占总需求的 77%，其价值相当于 12.52426 亿努。进口的乳制品约 5322.96 吨（包括鲜奶、无菌奶包、奶粉、炼乳、奶酪、黄油等），导致现金外流约 11.6641 亿努。为满足市场需求，不丹 2016 年畜牧产品进口额高达 24.2779 亿努（表 13-5）。

表 13-4　不丹畜牧产品进口（2012—2015 年）

产品名称	2012 年	2013 年	2014 年	2015 年
鲜牛奶 / 吨	1357	848	465	141
奶粉 / 吨	2034	1862	1667	1692
无菌奶包 / 吨	248	734	1114	625
炼乳 / 吨	244	286	334	317

续表

产品名称	2012 年	2013 年	2014 年	2015 年
黄油 / 吨	289	302	236	214
奶酪 / 吨	913	959	914	1006
牛肉 / 吨	3903	4429	3740	4109
猪肉 / 吨	1842	2314	2164	2240
鸡肉 / 吨	711	1006	1299	1369
羊肉 / 吨	60	80	33	26
活鱼 / 吨	1325	1413	1468	1346
鱼干 / 吨	1176	1436	1632	1128

注：数据来源于不丹财政部《不丹贸易统计》（2016 年）。

表 13-5　畜牧产品的进口额（2012—2015 年）　单位：亿努

产品名称	2012 年	2013 年	2014 年	2015 年
奶制品	8.82	8.86	15.01	10.01
肉制品	9.58	12.76	13.78	13.83
其他	0.01	0.03	0.04	0.07

注：数据来源于不丹财政部《不丹贸易统计》（2016 年）。

二、发展趋势

1. 种植业的发展趋势

由于不同地区的自然环境存在较大差异，不丹种植了以水稻和玉米为主的各类农作物［不丹农业与林业部（MoAF），2018］。2012 年至 2016 年不丹水稻、玉米产量分别增长了 7% 和 12%（表 13-6），油菜籽和豆类的产量也在稳步提升，未来有望减少食用油的进口量。

表 13-6　重要粮食作物的生产趋势　单位：吨

农作物名称	产量				
	2012 年	2013 年	2014 年	2015 年	2016 年
水稻	78014	75228	77038	80261	83332
玉米	73024	75715	77244	83714	82035

农作物名称	产量				
	2012 年	2013 年	2014 年	2015 年	2016 年
小麦	5038	4286	3465	3730	2521
杂粮	10624	8601	6698	6845	7121
油菜籽	950	1198	1142	1054	1043
豆类	973	1574	1862	1607	1770

注：数据来源于不丹农业与林业部（2018 年）。

2012 年至 2016 年不丹马铃薯和其他蔬菜的产量（表 13-7）分别增长了 37% 和 30%，生姜和小豆蔻的产量增长 115% 和 325%。由于柑橘和苹果的种植面积减少了约 20%，加之老树和病树以及气候变化的影响，其产量均下降了约 15%，其他水果和坚果的产量在规划期内增长了约 20%。

表 13-7　重要经济作物的生产趋势　　　　单位：吨

作物名称	产量				
	2012 年	2013 年	2014 年	2015 年	2016 年
马铃薯	43000	50390	33612	48276	58820
其他蔬菜	43025	46468	49698	49590	55869
生姜	5049.91	3756	4982.08	7434	10871
小豆蔻	643	1162	1781	2091	2736
柑橘	49500	33469	45226	15977	42003
其他水果及坚果	20324	18823	18572	23616	24523
苹果	7666	8032	7051	5308	6587

注：数据来源于不丹农业与林业部（2018 年）。

2. 畜牧业生产的发展趋势

随着不丹现代化进程的不断推进以及国内经济面临的机遇与挑战，畜牧业的生产方式也在不断演变、进化。在过去的几十年间，不丹的畜牧业发展经历了相当大的变革（图 13-1），主要的驱动力是国民对畜产品需求的日益增加。在所有畜牧业产品中，乳制品产量的上升趋势明显，其次是鸡蛋和鸡肉（表 13-8），虽然鱼类和猪肉的产量也有所增长，但其增量相对较少，由于反对杀戮的宗教文化影响，不丹不太可能实现肉类生产的自给自足。

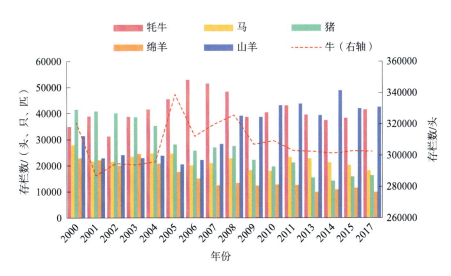

图 13-1　2000—2017 年不丹家畜存栏变化

表 13-8　主要畜牧产品的生产趋势

产品名称	2012 年	2013 年	2014 年	2015 年	2016 年
牛奶 / 吨	29625	30920	34909	39844	47270
牛肉 / 吨	520	421	639	637	536
猪肉 / 吨	314	485	379	462	740
鸡肉 / 吨	909	789	944	1063	1208
羊肉 / 吨	63	90	161	165	191
鱼类 / 吨	64	55	119	149	187
蛋类 / 万枚	5700	6600	5900	6900	10500

注：资料来源于不丹劳工部及农业与林业部 2016—2017 年度报告。

第二节　农业发展的技术需求

在社会经济和气候环境不断变化的大背景下，不丹的农业生产体系正受到大量因素的制约，如农业生产效率低下、劳动力短缺、农作物遭受野生动物破坏、灌溉用水不足、市场准入有限以及病虫害威胁等。其他的发展问题还包括：土地贫瘠、作物种子短缺、工具设备落后以及自然灾害的影响，由于自然环境的不断恶化导致近年来各类自然灾害频发。

一、专业技能需求

多年来，不丹可再生自然资源部在发展大宗商品的专业技能方面取得了长足的进展。然而，由于多样化服务需求的不断增加，该领域专业技术专家的数量仍然有限。例如，从《国家可再生自然资源部适应性行动计划（2013年）》已经认识到，目前能够适应气候变化的作物、饲料品种非常有限，国家在培育抗逆性作物品种等方面所做的努力也非常有限。当地农民严重依赖传统的作物品种，而这些品种极易受到病虫害、干旱和高温的影响。面对气候变化对农业、畜牧业和生物多样性所产生的不利影响，迫切需要实施能够应对气候变化的农业、畜牧业和生物多样性的管理实践。由此可以看出，不丹农业的发展迫切需要农学、土壤学、昆虫学、作物育种学及其他领域专家的共同努力。

二、科研投入、生产管理技术需求

尽管不丹政府为促进有机农业的发展提供了各类优惠政策，但在作物和牲畜有机农业方面的技术创新仍与世界整体水平存在较大差距，其研发的有机种子、生物肥料以及生物农药等产品的数量仍然有限。此外，不丹也没有为不同的农业生态地区开发适当的温室技术、提供有效的水资源管理以及可再生能源的使用，如太阳能等。为适应新形势下的农村可持续发展，支持以社区为基础的农村发展模式，需要形成以村庄、农场为基础的农业科学技术，先进农具推广与普及，以此普遍提高农业生产管理效率（李宁，2017）。未来在农业科研和生产管理技术方面的投入仍需加大力度。

三、创新型省力农机具需求

农业生产劳动力以女性为主，地形地貌的崎岖多山以及分散的小规模作业限制了不丹农业的发展，降低了农产品的市场竞争力。因此，不丹必须在山区的农业发展中进行技术革新，促进农业生产的机械化。

目前正在采取的措施包括：推广无烟炉灶，减少了柴火的消耗；对清洁无污染的沼气资源进行开发和利用；安装电动太阳能围栏，减少对农作物的看护时间，防止野生动物入侵；提升农作物和经济作物"从种到收"的机械化程度。可以看出，不丹对适宜山地农业的环保型农机具需求明显。

四、农产品加工和保存技术需求

不恰当的产品储存以及不完善的产品保护措施会导致大量不必要的收获后损失，其中水果（苹果和橘子）的损失程度为 26%～37%，蔬菜损失为 25%～45%，大米损失为 22%，玉米损失为 31%。不当的产品包装及加工处理程序也会对产品质量产生不利影响，从而进一步造成农作物收获后的损失。因此，农作物产品收获后的平均损失高达 20%～35%，急需加大产品储存方面的设备设施的建设，提高产品加工和包装技术方面的能力。

五、农产品包装、认证以及品牌化建设需求

创业技能、企业管理、产品开发以及市场营销是实现整体价值链所必需的基本技能。不丹农产品加工水平较滞后，发展需要加强整体价值链前、后端的联系，提升创业技能、网络联通以及全面的企业管理能力。

六、市场信息平台建设需求

不丹的农民缺乏影响和掌控农产品市场及定价能力，农产品因受生产规模和交通条件的限制，生产者与消费者的需求在产品数量、类型、尺寸、口味及价格等方面存在着根本差异，促进供需双方市场联系并利用信息和通信技术进行市场调节，对于弥补此类差异所造成的损失至关重要。

七、农业企业和商业农业发展需求

尽管国民对加工类食品的需求和消费潜力巨大，但在食品加工、产品附加值方面的进展缓慢，大部分农畜加工产品仍依赖于进口。提高农产品的附加值将会显著提升农村居民的就业和收入，使不丹商业农业发展具有良好的前景。

第十四章

不丹农业科技的管理体系与运行机制

第一节　科技管理系统

在过去二三十年里，不丹的可再生自然资源部门多次改革了其研究系统。过去，不丹有一个专业的研究委员会，致力于促进农林产业发展的综合性研究（包括农业、畜牧和林业），但现在已经解散，其研究职能现已分别并入不丹农业与林业部下属的相关部门，这些部门分别是不丹农业部门（相当于我国农业农村部司局级单位）、不丹畜牧部门、林业和园林管理局。

一、农业研究

根据不丹农业部农业研究和推广司的业务职能，其实地研究是通过在战略划分区域设立不同的农业研究发展中心进行的，划分区域包括不丹东部、中部、中西部、西部以及南部，每一个研发中心都有各自的国家级、区级研究任务。这些中心主要因地制宜地开发农业技术，通过技术推广带动当地农业的发展并满足农民的特定需求。

研发中心致力于发展适应性应用科学，并根据不同地区的农业生态潜能和适应性分配国家授权的项目。通过有关的中央计划机构以及农业机械研发和服务机构的技术指导，国家农业机械中心、区域农业机械中心及中央机械部门的多方位协调，农业研究发展中心还将开展土壤肥力检测、植物保护、蘑菇培育及收获后加工技术研发等其他类型的服务。各部门的研究内容是由不丹的年度区域审查规划研讨会、技术协调委员会会议和部门年度会议来协调安排。

二、畜牧业研究

不丹畜牧部研究推广司，其职责是协调全国的家畜研究项目，位于全国各个地区的商品研究中心开展各自的商品研究活动（例如，乳制品的生产、小反刍动物的养殖、养猪业、水产业以及养蜂业的发展）。与此同时，各学科研究中心也将在国家动物健康中心以及国家动物营养研究开发中心下属科研单位的协调下开展工作。

商品研究中心共有三个专题研究领域：

（1）生产研究。包括动物健康、动物养殖、生物技术及动物生产和营养水平等方面的研究。

（2）后期加工及市场调研。包括产品加工、增值、新产品开发及生产后期的市场调研。

（3）社会经济研究。包括政策研究、社会研究以及环境、经济研究。

为加强各学科领域的研究，畜牧部研究推广司还成立了专门从事动物健康研究的科研单位及饲草料研究的实验室。

畜牧研究部门的另外一大特色是重视牦牛放牧和高地的生态保护，因为这在保护传统、社会文化和生物多样性方面发挥了重要作用。其正在为高地发展规划一个专门的旗舰项目，由此促进当地的经济发展、创造就业机会，将高地打造成为全新的经济中心。

三、林业和自然资源研究

林业研究由不丹乌颜旺楚克环境保护研究所进行协调，其目标如下：

①通过对相关问题领域进行研究和政策分析，促进科学知识的发展；

②宣传环境政策制定及决策过程中的主流科学研究成果（通过出版物和会议）；

③培养出当前和未来一代环境保护领军人物、实践家和学者（通过培训），主要研究领域为可持续林业、养护生物学、水资源利用及社会经济学等。

除上述机构外，国家生物多样性研究机构以及不丹皇家大学下属各学院等自主研发机构也在开展关键课题的研究。

第二节 科学和技术政策

《不丹可再生自然资源研究（RNR）政策（2012 年）》提出了两个首要的目标。

（1）为不丹可再生自然资源研究部门进行的高质量相关研究提供一个优先的方案。

（2）提供一个便捷高效的可再生自然资源研究系统，从而产生高质量的研究成果，以便在农林部门计划过程及方案实施过程中的使用。具体研究方向及目标如下：

①农作物研究：研发并推广实用技术、信息和知识，使不丹的各层面实现粮食和豆类的自给自足；

②园艺作物研究：研发并推广实用技术、信息和知识，以增加作物产量、提升园艺作物收获后的处理、加工和销售技术；

③兽医学及畜牧业产品研究：整理并推广相关知识和信息，以提高牲畜的健康水平、生产力、质量、数量和价值；

④生物多样性研究：研发并推广实用技术、信息和知识，以促进生物资源的保护和可持续利用；促进有效决策，改善民生并提供商业机会；

⑤林业研究：整合、推广有科学依据的信息和知识，以更好的方式对不丹的森林和野生生物多样性进行管理、利用和保护；

⑥自然资源管理系统研究：整理并推广相关知识和信息，优化对环境和共同资源的管理和保护，提升不丹对气候变化的反应能力及适应能力；

⑦政策研究及社会经济研究：确定可再生自然资源部门的政策限制和机会，为其创建社会经济概述，并将它作为进一步进行研发活动的基础；该政策将致力于应对不丹目前正面临的挑战，即将不丹农业从自给自足的经济模式向以商业为基础的经济模式转变。

为了优化对有限资源的合理利用，该研究政策进一步提出了一些要求：

①促进更有针对性的结果导向应用研究；

②根据项目的紧急性、群众的响应性并结合农民的需求，对需要研发的项目

进行评估并确定优先顺序；

③为专门的研发中心提供充足的资金和人力资源；

④通过开办农民的田间学校、加强农民和合作社的能力建设，扩大研究和成果推广的范围。

与此同时，该研究政策还要求项目支持方之间的相互协调，促进研究中心、中央项目机构和地区组织之间的协调发展。该政策指出，虽然技术的研发、推广和实地研究是中央机构负责进行的，但成熟技术的采用则是各地区组织的责任。此外，政策还将支持参与性的实地研究，以便更好地将技术运用到生产实践中。

第三节　知识产权保护政策

《不丹知识产权法案（2001年）》，即《不丹王国工业产权与版权法》，明文规定了知识产权保护的强制执行。《国家知识产权政策（2018年）》进一步加强了对知识产权的保护，帮助不丹保护其传统特色（即不丹的传统文化、习俗、技艺、建筑、创新技术以及独特的生活方式）。《国家知识产权政策（2018年）》整合了《不丹宪法》中的两项条款：第13章中的第7条："不丹的每一个人都应有权从他（她）自身所创作的任何科学、文学或艺术作品中获得物质利益。"第23章中的第9条："不丹鼓励国民自由参与社会的文化生活，促进艺术和科学的发展以及技术创新。"

不丹国家经济部下属的知识产权局是该法案的监管机构。该局现已制定了一套系统的程序，以便国民亲身或通过工业产权代理向知识产权部门提出产权申请。该程序借鉴了国内外成熟的经验，并根据当地环境现状量身定制。与此同时，相关部门正在制定一系列新的规定，通过颁发实用新型证书来保护渐进式地方创新，以及通过地理标志来保护区域特色产品。

不丹目前已经加入了若干个国际公约组织：1994年加入《世界知识产权组织》；2000年加入《保护工业产权巴黎公约》；2000年加入《商标国际注册马德里协定》，并签订了《商标国际注册马德里协定有关议定书》；2004年加入《保护文学和艺术作品伯尔尼公约》。

第四节　农业技术推广与培训现状

《可再生自然资源（RNR）推广政策（2009年）》规定了不丹进行推广服务活动的总体框架，旨在促进农业发展项目、研究技术转让、提供技术援助、项目调查和跟进、收集数据以及监测发展项目。20个区和205个区域农业推广中心联合起来协调该农业推广工作的开展，并由农业研究开发中心以及中央项目计划机构提供技术支持。

至此，推广工作已成为一个为农村居民提供信息支持、促进自我帮扶的多机构网络，而非单一的供应驱动公共服务。新农业推广方法通过量身定制各种更复杂的差异化服务，满足多样化农业社区的特殊需求，同时部门内部以及各部门之间的合作与协调也成为有效开展推广服务的关键点。

有关部门主要通过信息和通信技术（ICT）、视听设备、广播和大众媒体等常用的推广方式为农民小组、农村合作社、田间学校等提供差异化服务。

农村发展培训中心负责为经济环保型的农业商品经营提供技能和创业培训，定期组织毕业生到农场进行业务培训，为村内领导层管理人员提供领导力培训，并在学校开展农业项目能力建设。

同样，不丹皇家大学自然资源学院、乌金·旺查克保护与环境研究所（UWICER）、农业机械中心、农业研究发展中心（ARDC）、区域畜牧发展中心和特定的商品中心也开展了相应的农业推广培训活动。例如，农业研究发展中心有时会组织特殊培训活动，宣传综合蔬菜、水果和谷类作物的种植模式，其培训内容主要包括蔬菜种植、水果种植、种子繁殖、收割后处理、土壤肥力和农田管理、害虫综合治理（IPM）和营销等方面的研讨与实践。

第十五章

不丹农业的科技发展水平和重点领域

推广气候智能型农业仍然是适应气候变化的优先事项。许多耐旱作物品种已研发出来并在农业生态系统中推广。水稻、玉米和小麦等高产抗病作物品种开发取得了良好进展，政府还倡导作物多样化、旱地种植、蓄水以及改善农林业和加强土地管理。由此，特定地点的营养作物管理、有机农业、灌溉、密集型营养作物和短期作物等在农艺和用水管理方面开始发生重大变化。

为了应对生物和非生物因素的威胁，不丹将开展耐病害和洪涝灾害的作物品种改良和培育。鼓励研究作物多样化、食物多样性和营养健康安全的食品生产关键技术；鼓励种植能够适应当地环境条件和气候变化的传统作物（如小麦、小米和其他营养丰富的小类杂粮）。同时，重视高产水稻品种的改良、农业机械化、收割后营销策略的学习、能力建设以及作物收获后的储藏和管理。

在不丹，超过 31% 的农田位于坡度大于 50% 的地区，因此，形成的片状侵蚀造成了河流沉积物负荷过重，这是不丹农耕系统的普遍特征。鉴于不丹地形陡峭，有很多边坡不稳定、土壤侵蚀、土壤肥力过剩或流失、自然资源枯竭、水资源供应不足等问题，因此，需要在这种复杂地形的农业环境中推广可持续土地管理技术（SLMP）研发，从而减少土壤侵蚀，增加作物多样性并且保障足够的肥料供应。同样，开发当地所需的综合植物养分管理系统，有助于减少温室气体（GHG）的排放，增加植物碳吸存量，保持土壤中的有机质。

不丹针对国内有机农业的发展制定了一项长期计划，在世界范围内，不丹的化肥使用率是最低的，而且基于对农作物保护在化学品的使用方面受到高度管制，因此，国内有机农业市场的发展潜力巨大。有机政策补充方案的实施，加强了对有机农业的宣传与认识。在社区和家庭作坊层面推广堆肥和生物浆料的生产，并建立有机种子系统。生物肥料和生物农药的生产、研究、分析及其推广同样具有重要的意义。

随着一些地方综合食品加工设施的启用，地方在推进玉米、木薯、荞麦、南瓜、胡萝卜和水果等当地产品的附加值方面取得了重大进展。牡蛎菌种、蘑菇生产提高了种植者收益，藜麦品种也取得了良好的推广效果。

第一节　种植业领域

不丹农作物研究主要是针对一些谷物、油籽以及豆科粮食（表15-1），其中谷物多样性研究涉及一些次要作物、野生近缘种、特定野生作物引种驯化以及当地雨养条件下的品种栽培改良等，同样还强调了非化学有机方法的病虫害防治。

通过与国际玉米小麦改良中心（CIMMYT）合作，不丹耐高温玉米的引进、评估和推广取得了良好的进展，过去几年中确定的一些耐热品系极大地提高了农场内的玉米产量，同时还引进了病虫害防治的有机和非化学方法。

表 15-1　不丹农作物品种列表

主要粮食、油料作物、豆类	品种	备注
大米	23	包括旱地品种
玉米	4	跨生态区
其他谷物	5	小麦和小米
芥菜	5	中低海拔地区
大豆	6	大豆和绿豆

注：数据来源于不丹农业与林业部《不丹种子法规》（2018年）。

园艺研究的主要对象为蔬菜和水果（表15-2），此外，还包括块根和块茎作物、蘑菇、花卉、药用和芳香植物、种植园作物、香料以及调味料作物，其研究着重于扩大遗传基础、改进生产技术、生产种子和植物、评估综合利用有机和无机肥料的效用，并开发灌溉系统。此外，通过评估害虫和植物病害分布以及作物损失，结合相应的病虫害综合治理方案采取措施，达到除害要求。

表 15-2 不丹蔬菜和水果品种列表

蔬菜和水果	品种	备注
蔬菜	84	包括 30 种蔬菜品种
水果	89	包括 26 种水果品种

注：数据来源于不丹农业与林业部《不丹种子法规》（2018 年）。

第二节 畜牧业领域

畜牧部门（DoL）是负责扶贫、促进经济增长、创造就业机会、智能管理气候、合理利用自然资源并且促进社会发展的重要部门之一。其研究领域主要包括动物疫病防治、动物育种和养殖，通过广泛的动物卫生保健网络开展流行病学研究，从而促进动物健康成长。

不丹的大多数农民养牛是为了供家庭乳制品消费、农田耕作以及获取农业肥料，饲养牛的主要品种为西丽（Siri）牛（当地瘤牛品种），其次是密特（Mithun）牛（大额牛 *Bos frontalis*）。近年来，为了提高牛奶产量，政府引进了外来品种的奶牛，主要是泽西牛（Jersey）（也称娟珊牛）和瑞士褐牛（Brown Swiss）的杂交品种。

动物育种旨在通过保护和提升本土遗传资源来改善品种，进而对本地饲料资源进行研究，主要是通过改良和引进草类、豆类和饲料树等品种来促进牧场的开发和利用，从而增加牧场的载畜量。此外，还配备了相应的畜牧记录方案，以改变落后畜牧业管理模式。

改良品种需要更好的管理和更高质量的饲料，而这些条件在不丹的普通农场中是无法实现的，因此，饲料研究的重点应放在改良和引进草类、豆类和饲料树等品种并促进牧场的开发和利用（表 15-3）（Miller et al.，1987）。

表 15-3 饲料作物品种列表

饲料作物	品种	成熟期
牧草	18	常年和一年生
豆科植物	6	常年和一年生

续表

饲料作物	品种	成熟期
块根植物	2	常年和一年生
饲用树木	1	常年和一年生

注：数据来源于不丹农业与林业部《不丹种子法规》（2018 年）。

此外，对高原资源的开发能够产生巨大的经济效益和社会效益，其主要任务是牦牛的品种改良、价值链的开发以及对牧场的管理、解决高海拔地区畜牧业冬季饲料短缺难题。

第三节 渔业领域

畜牧部设立了两所渔业管理机构，即国家河流和湖泊渔业研究中心（NRCR&LF）、国家水产养殖研究与发展中心（NR&DCA）。

国家河流和湖泊渔业研究中心，其主要职能是监管本国鳟鱼的捕捞及促进野生渔业的发展（河流和湖泊渔业）。位于不丹西部的哈阿宗私人鳟鱼扩繁中心，可对野生渔业进行全面评估，并为社区捕捞提供指导。渔业研究中最重要的成就就是对不丹西部河流鱼群的评估研究，包括黄鳍瓣结鱼的迁徙模式和生物特征，确定水电项目的最低环境流量。普那卡的鱼类保护单位以及旺杜波德朗的黄鳍瓣结鱼保护和鱼类检测中心都属于该中心的下属机构。

国家水产养殖研究与发展中心位于不丹南部的格勒铺，主要从事水产养殖的研究与开发，该研发中心目前已建立了最先进的孵化场，同时也担负着经济鱼类（鲤鱼、草鱼、鲢鱼、鲤鱼、南亚野鲮、卡特拉鱼和麦瑞加拉鲮鱼）的养殖工作。

第四节 农业机械领域

农民大量外迁进入城市，导致农村人口减少，农业劳动力短缺，对不丹农业生产和粮食安全产生了较大影响。由于农业劳动力短缺和枯燥的工作形式，许多家庭已减少了农作物种植量，甚至直接将土地休耕。因此，改变这些现状需要加快农业机械化程度，1983 年不丹成立了农业机械中心（AMC），下属不丹农业部。AMC 主要负责农业设备和劳动量缩减技术的研究和推广，该机构主要通过日本国际协力机构（JICA）项目从日本政府获得财政和技术支持。

2016 年，AMC 更名为农业机械有限公司（FMCL），以便更好地为农民提供服务。FMCL 为农民提供四项区域配送服务、提供省时省力的农机产品（如移植工具、收割工具）、电动耕作机及配套操作规程指导等售后服务。该公司的愿景是"使农业成为具有吸引力的朝阳产业，促进社会经济和环境可持续发展"。

与此同时，政府还将不断根据受益人的数量以及生产量提供农业设备支持，一方面，农民小组和合作社可得到政策优先支持；另一方面，一些边缘化的农民和农场可通过一站式农民商店中心获取相应的福利。

第五节　农业加工业领域

不丹的农业加工业仍处于发展阶段，其致力于为国民创造更多的就业岗位。不丹农业实业有限公司是一家国有果蔬加工企业，该公司从农民手中收购甘蔗、蔬菜、油等园艺产品，通过现有热灌装聚酯吹塑机、热灌装生产线、装瓶生产线及质量控制管理对产品进行深加工并向邻国出口，合同农业和回购机制提升了产品的竞争力并保障了农户的收益。

不丹畜牧发展有限公司是另外一家国有企业，以企业投资模式投入生产，从而为商业畜牧业和畜产品增值提供服务。

另外，还有不丹水果产品有限公司（Bhutan Fruit Product Pvt. Ltd）、不丹奶业和农业有限公司（Bhutan Milk and Agro Pvt. Ltd）、津德拉食品有限公司（Zimdra Foods Pvt. Ltd）、不丹乳制品有限公司（Bhutan dairy Ltd）、布姆唐瑞士奶酪和高夫库国际有限公司（Bumthang Swiss cheese and Kofuku international Pvt. Ltd）等私营企业，主要生产果汁和乳制品。

总体而言，随着加工业的不断发展，有利于促进一些中小企业以及高附加值农产品的深加工企业迅速发展，包括新鲜的野生蘑菇（松茸、羊肚菌、鸡油菌）、有机蜂蜜、袋装水果（橘子和猕猴桃）、芦笋、榛子、核桃、黑胡椒、胡椒、豆蔻、生姜等加工企业。

第六节　资源和环境领域

根据《不丹宪法》的条例，政府始终保持不丹国内 60% 以上的森林覆盖面积要求。其目的是要保护和改善原始环境、保护国家的生物多样性、防止环境污染和退化；确保生态平衡的可持续发展，促进社会经济发展；确保健康安全的国家生态环境。因此，在不丹，自然资源的可持续发展是宪法授权的条例。

不丹通过设立森林管理单位（FMUs）保护区、社区森林，FMUs 以外的森林区和私营森林网络，加强森林信息和基础设施的监测、管控，对森林资源和生物多样性进行管理、保护。同时，国家还开展了森林清查、碳储量评估、实施 REDD+ 战略（发展中国家通过减少砍伐森林和减缓森林退化而降低温室气体排放，增加碳汇）、老虎和雪豹普查。不丹森林管理法规于 2017 年颁布，其目的主要是实现科学和可持续的森林管理。

企业的监管、河流流域和原始森林的管理是不丹最重要的环境资源干预环节。可持续性和气候适应性森林管理政策的实施需要与社区森林管理、农村木材供应、非木林产品（NWFPs）以及 PAs / BC 管理计划进行有机的结合。

森林研究领域包括自然保护、针叶林管理、阔叶林管理、人工造林、社会林业、非木材林产品、木制品和森林保护。其中，研究的重点在于阔叶林和针叶林木材的可再生性，以及砍伐对特定非木材林产品及其可再生性的影响。同时，还对退化区域和气候带的物种影响进行评估，分析各区域的种植技术选择，以及评估放牧对树林自然再生的影响。

2007 年颁布的《不丹利益获取和分享策略》要求遵循公平公正的原则，当地林木监管人或社区公平、公正地分享不丹遗传资源和相关传统知识的商业收益和研究利用所产生的利益，获得和利用不丹的遗传资源和相关的传统知识，应肯定不丹人民的文化和精神价值，并为地球和当前及未来几代人的福祉作出贡献。

第七节 食品安全领域

不丹农业和食品监管局（BAFRA）、农业与林业部是生物安全和食品安全系统的职能机构，主要保障食品和农产品的质量安全。2005 年《不丹食品法案》和 2017 年《不丹食品管理法规》为该国的动植物检疫和生物安全提供了法律监管纲要。不丹标准局（BSB）是另一个保障环境安全，开展标准化活动造福公众的机构。

不丹农业和食品监管局开展了多项促进食品供应链发展（农民、制造商、食品加工商、零售商、消费者及其所有服务供应商）的活动，从而改善了国内食品卫生条件，加强了生产监管及民众意识。

同样，生物安全条例要求在进口食品入境之前，需通过系统的审核和备案并获得进口许可证，从而加强对进口植物和动物食品来源的监管。

在生物安全和食品安全系统方面职能机构为相关企业提供的服务为：

①产品认证服务：不丹农业和食品监管局实施符合 ISO IEC 17065:2012 的产品认证，从而提供 ISO/IEC 17067:2013 方案（类型 5）可认证的第三方标志；

②食品企业的食品安全许可证：所有类型的食品制造企业，无论是以企业模式、家庭作坊、流动单位或食物摊位经营，均须遵守食品安全许可中所规定的食品卫生安全及制造规范准则；

③不丹食品进口：《植物检疫规则和条例》（2003 年）《不丹食品法案》（2005 年）、《种子规则和条例》（2006 年）、《不丹食品管理条例》（2007 年）以及《不丹牲畜管理条例》（2008 年）均对不丹进口食品作出相应的制度规定；

④当地加工食品的出口认证：《不丹食品法案》（2005 年）以及《不丹食品管理条例》（2007 年）中规定从不丹国内出口的食品必须获得出口证书；

⑤食品管理人员培训：《不丹食品管理条例》（2007 年）要求食品加工或餐饮业需对食品管理人员进行培训；

⑥执法和监督：根据《食品企业良好卫生条件许可和制造规范标准条例》进行相应的检查；

⑦国家食品检测实验室（NFTL）：该机构主要提供食品微生物、残留物、

污染物、营养含量和转基因生物技术等方面的检测；

⑧ISO/IEC：17025:2005 认证：国家食品检测实验室正在通过 ISO/IEC：17025 认证，包括化学和微生物含量、各种食品（饮用水等）和农产品的安全参数校准。

第十六章

不丹农业国际交往与合作

由于我国尚未与不丹国建立正式的外交关系，对两国的农业科技合作与交流带来诸多的不便，但两国均属于国际山地综合发展中心（ICIMOD）成员国，双方的相关科研单位和专家共同参与泛喜马拉雅区域的有关农业项目的实施，保持两国的农业科技合作与交流。

第一节　农业组织对外交往情况

总体来说，不丹农业发展仍然是依靠"对外交往"来获取更高质量的科研和教育支持。国民的专业化培训主要依赖于南亚以及海外的大学，他们通过留学来接受更系统专业的教育。2016 年，不丹皇家大学自然资源学院开始提供与农业领域相关的学士学位课程以及有限的理学硕士课程。该学院提供的课程主要来自三个研究中心：

①可持续化山地农业中心；

②农村发展研究中心；

③环境与气候变化中心。

与此同时，学院也会提供相关的学位课程，旨在提供推广服务。

不丹乌颜旺楚克（Ugyen Wangchuck）环境保护研究所是一所研究培训机构，专注于对可持续林业、保护生物学、水资源利用及社会经济学和政策科学的研究，该研究所还提供为期一年的环境、林业和养护证书课程。

不丹专门的涉农企业管理机构建设还处于发展阶段。关于不丹企业在海外开展业务的情况，外界知之甚少。通过《不丹经济发展政策（2016 年）》及《外商直接投资政策（2010 年）》等一系列优惠政策的施行，不丹政府正持续吸引外商的直接投资。2018 年上半年，不丹批准了共 64 个外商直接投资项目，价值高达

340 亿努（来源:《不丹政府公报》, 2018 年 5 月 23 日）。

不丹很早就推动有机农业耕作, 甚至是全球第一个提出全国 100% 农业有机化的国家, 很多人从事跟农业有关的工作, 也吸引了很多农业科技工作者。在农业科技和配套设施建设方面积极争取国际外援, 加强国际组织间的合作与交流（特别是与世界粮食计划署的合作）。

第二节　农业国际合作现状

不丹可再生自然资源部门在继续与现有的援助者和发展机构合作, 包括欧盟、世界银行、农发基金（IFAD）、日本国际协力机构（JICA）、亚洲开发银行（ADB）、世界自然基金会（WWF）、联合国粮食与农业组织（FAO）、荷兰发展组织（SNV）、国际山地综合发展中心（ICIMOD）等组织。此外, 还有几个与特定国家合作的双边项目。

近年来进行的国际合作包括:

①联合项目援助（GoI-PTA）: 完善灌溉基础设施和耕地开发（2014—2018 年）;

②联合项目援助（GoI-PTA）: 蔬菜生产商业化（2014—2018 年）;

③世界银行和粮农组织 / 全球农业和粮食安全计划（GAFSP）: 粮食安全和农业生产力项目（2016 年）;

④农发基金（适应小农农业计划）: 商业性农业和弹性民生改善计划（CARLEP）（2016—2022 年）;

⑤欧盟和全球气候变化联盟（GCCA）: 可再生自然资源部门气候变化适应计划（CCAP）（2012—2017 年）;

⑥亚洲开发银行: 国家综合水资源管理计划（2014—2016 年）;

⑦欧盟: 农村发展与气候变化应对计划（2017—2021 年）;

⑧绿色气候基金（UNDP）: 不丹农业部门的气候适应力和转型变革计划（2017—2023 年）。

第三节　主要可借鉴经验

不丹不断加强各级组织内部的沟通与协作，有效管理国际合作项目和方案，保证进入不丹的每一笔资金都受到国民幸福委员会（Gross National Happiness Commission）协调机制的监管。其中一些重要的可借鉴项目经验如下：

①项目和计划的地方所有权是保障顺利合作的关键；

②建立和加强机构职能是可持续发展的关键；

③必须有针对性地规划各级能力建设；

④建立多方利益平台，避免重复并且能促进多方协同和融合；

⑤将项目活动纳入正在进行中的政府规划，可确保项目的连续性；

⑥制定明确的退出战略计划（例如，逐步从政府补贴转向商业为主导）；

⑦制定符合本国国情且具有独特价值主张的外资进入战略（不丹是一个追求碳中和、和平、稳定以及文化独特的国家）。

第十七章

不丹与中国农业科技合作与交流

不丹与我国西藏地区山水相连，地缘相邻，人文相亲，特别是宗教、文字相似，民间交流源远流长。公元 7 世纪，不丹是吐蕃王朝的一部分。18 世纪中叶，不丹成为清朝的藩属国。18 世纪末，印度东印度公司将殖民主义伸向不丹（图登克珠 等，2018）。不丹的帕罗宗（Paro）和我国西藏亚东县的帕里镇只有一山之隔，夏季放牧场有时牦牛也会混牧，不丹的红米、竹编品、毛织品等进入帕里镇。自 20 世纪 90 年代开始，不丹国农业科技人员陆陆续续与我国西藏自治区农牧科学院在牦牛繁育和牧草地管理等方面进行科技交流，对牦牛良种的需求很迫切，还从青海引进西宁马。

2019 年 5 月 24 日，中国农业农村部总畜牧师马有祥率团（西藏自治区农科院畜牧兽医研究所所长随团）访问不丹，在首都廷布分别会见了不丹外交大臣丹迪·多吉和农业与林业大臣益西·班觉。马有祥表示，不丹是中国的友好近邻，农业生产在很多方面具有共同点，中不两国在农业领域建立了良好的合作基础，在开展牦牛选育、加强技术人员培训等方面取得了积极成果。不方对中国提供农业技术培训表示感谢，对中国农业发展取得的成就表示由衷钦佩，对于中国解决近 14 亿人吃饭问题高度赞扬，希望学习借鉴中国经验，加快推动不丹农业可持续发展。双方同意，在前期工作基础上进一步深化合作，重点在加强能力建设、共建科技示范基地、强化人员培训和经贸往来等方面开展更为广泛的务实合作，鼓励中方地方农业部门积极与不方开展互利合作（来源：农业农村部新闻网站，2019 年 5 月 27 日）。

虽然中国和不丹两大邻国之间尚未形成正式的外交关系，但两国国民之间的交流历史悠久并已取得了良好进展。目前，到不丹的中国游客与日俱增，并且一些不丹朝圣者和商人也访问了中国西藏自治区以及中国大陆的其他佛教圣地。在中国的许多大学和机构中，也有许多慕名而来求学的不丹青年学者。

218

第一节　与中国的合作基础

不丹和中国作为国际山地综合发展中心（ICIMOD）的成员国，很多农业科技合作和交流基于 ICIMOD 的支持，先后共同开展过项目合作、人力资源培训以及各种专题研讨会。2004—2006 年，我国西藏自治区农牧科学院和不丹农业与林业部可再生资源研究所分别承担了 ICIMOD 资助的"牧草地管理"项目中我国西藏自治区和不丹的研究任务，为彼此了解和科技合作交流奠定了基础。

由联合国粮农组织、德国骆驼牦牛基金等发起的"国际牦牛大会"自 1994 年开始，先后在我国青海、西藏、甘肃、四川召开过六届会议，ICIMOD 多次支持不丹牦牛研究人员参与"国际牦牛大会"，该会议也是不丹和中国农业科学家彼此了解和交流的有效平台，为后期的农业合作和交流奠定了良好的基础。

近年来中国在社会经济发展和技术突破方面取得了巨大进步，根据"一带一路"等计划，中国愿意将其发展利益扩大到邻国，不丹计划从欠发达国家发展到中等收入国家，继续向中国学习发展经验，作为中国的友好国家之一，希望两国之间能够在科学技术和知识交流、人才培养及一些未决项目中深入合作。农业合作与交流是重要的突破口，不丹和中国作为国际山地综合发展中心（ICIMOD）的成员国，与我国西藏进行农业科技交流已经有 20 余年的历史，建立了良好的民间交流基础，未来应该以设立农业专项或其他途径积极有效推动双方农业科技合作，促进山地农业和高原农业的可持续发展。

第二节　中国与不丹开展国际农业科技合作的建议

中国和不丹两国之间在农业科技方面有许多潜在的合作领域，经与不丹农业部门领导和科技人员交流，以下领域可以作为两国科技合作的切入点。

一、通过种质资源和农业技术交换促进高原农业发展

不丹拥有丰富的农业资源，诸如高产的高海拔大麦、荞麦、饲料燕麦、药用

和芳香植物、蘑菇、草药和蔬菜种子等可以成为科技合作的基础。

牦牛养殖也是不丹的优先发展产业，但目前该产业缺乏良好的地方品种，不丹希望通过合作获取良好的种质和交换良种（资源）来推动不丹牦牛产业的发展。

同样，在技术方面，不丹希望通过合作获取温室和太阳能技术及节省劳力的农机具及相关技术，从而促进国内山地区域以及其他区域的农业发展。

不丹具有丰富的动植物遗传资源，也有独特和丰富的资源管理政策和经验，同时有机农业发展的理念和模式对我国山地区域的农业资源管理和开发具有可借鉴和学习之处。

二、农产品加工、储存与品牌建设

虽然不丹有许多高价值作物并且牲畜商品生产潜力大，但收获后，产品多样化开发和包装等方面的发展仍滞缓。例如，中国的牦牛业非常发达，从牧草到餐桌都有完整的包装，牦牛的每一部分都经过加工和开发，搭配具有吸引力的包装和标签，成为受众产品，并通过有机认证，以创新品牌在全国区域和国际市场上销售。

因此，双方在促进农产品包装、品牌建设方面实施合作，建立专门面向农业企业的创业和创新中心，传授专业知识、创新理念和技术，可为不丹的产业发展提供大力支持。先进的产品包装和品牌营销创新技术可以促进不丹的就业和产业发展，也可为我国消费者提供独具不丹特色的农产品（商品）。

三、科技交流与技能提升平台建设

与不丹的牦牛产业价值链发展、牦牛繁殖技术、饲料和营养管理、蘑菇生产、蔬菜温室设施和传统药材种植等进行实质性的合作和针对性培训，加快不丹农业的发展。特别是在我国西藏，在山地资源利用和保护、科技交流方面有一定的民间基础，希望两国能在人员互访学习、科学交流计划和联合技术研讨以及专题博览等方面进一步加深合作。

参考文献

北京环球印象，2020. 尼泊尔经济与商业环境风险分析 [EB/OL].(2020–03–12)[2022– 03–15]. https://baijiahao.baidu.com/s?id=1660918780739819017&wfr=spider&for=pc.

不丹财政部（BTS），2016. 不丹贸易统计 [Z].

不丹农业与林业部、农业司（DOA），2017. 农业土地开发指南（ALDG）[Z].

不丹农业与林业部、农业司（DOA），2018. 不丹种子法规 [Z].

不丹农业与林业部（MoA），1992. 国家研究计划 [Z].

不丹经济部（EDP），2016. 国家经济发展政策 [Z].

不丹劳动和人力资源部（LFS），2016. 劳动力调查 [R].

不丹农业与林业部 (MoAF），2018. 国家"十二五"规划草案 [Z].

不丹统计局（BLSSR），2016. 不丹生活水平调查报告 [R].

不丹统计局（BLSSR），2017. 不丹生活水平调查报告 [R].

不丹统计局（BPAR），2017. 不丹贫困指数分析报告 [R].

董全民，郎百宁，1998. 尼泊尔的牦牛业［J］. 青海草业（2）：49–51.

董世魁，张媛，温璐，等，2008. 探寻尼泊尔自然生态保护性管理的有效模式 [J]. 环 境保护（19）：85–87.

法登南德·杰哈，1979. 尼泊尔经济正在好转［J］. 世界经济评论，5：61–62.

樊彦芳，张长春，黄聿刚，等，2018. 尼泊尔水资源管理体制与中尼水利合作初步思 路 [J]. 边界与海洋研究，6：104–105.

李宁，2017. 不丹农业发展现状与问题研究［J］. 武汉商学院学报，31（1）：32–36.

李未醉，李聪，2015. 浅论古代中国与尼泊尔的农业科技交流［J］. 农业考古（6）： 62–65.

马休，2008. 尼泊尔开发出大米新品种［J］. 北京农业，5（14）：53–54.

尼泊尔农业研究委员会，2016. 2014/2015 财年年报 [R].

潘大庆，2005. 第三届世界水论坛国家报告 – 尼泊尔 [J]. 小水电 (5)：7–16.

廷布：不丹皇家政府、农业与林业部、可再生资源统计局，2017. 农业统计 [Z].

廷布：荷兰发展组织（SNV）和不丹农业与林业部（MoAF），2015. 气候智能型农 业 [Z].

图登克珠，徐宁，2018. "一带一路"倡议与西藏经济社会发展研究［M］. 北京：社会科学文献出版社.

佚名，2012. 对外投资国别产业指引 [J]. 国际商务财会 (4)：86–90.

佚名，2012. 尼泊尔水电开发概况 [J]. 水利水电快报，2：29–33.

中国生物多样性保护与绿色发展基金会，2022. 哥伦比亚建立全球最大的热带作物基因库："未来种子库"[EB/OL]. (2022–04–18)[2022–12–15]. https://hope.huanqiu.com/article/47ekXiIriV5.

BHANDARI M, 2006.International Centre for Integrated Mountain Development[M].John Wiley & Sons, Ltd.

GENEBANK, 2016. Annual Report 2015/16. National Agriculture Genetic Resource Center (NAGRC), Genebank, NARC, Khumaltar[Z].

GUPTA S R, UPADHYAY M P, DONGOL D M, 2000. Nepalese germplasm catalogue–2000. Agriculture Botany Division, NARC, Khumaltar[Z].

JOSHI B K, 2003. Rice gene pool for mid and high hills and its conservation in Nepal[C]// Paper presented in Second SAS convention. Khumaltar organized by NARC and SAS.

MILLER，DANIEL J，1987. 不丹王国喜马拉雅牧场 [Z].

SHRESTHA G K，1998. Fruit Development in Nepal: Past, Present and Future[M]. Technica Concern. Kathmandu, Nepal.

UPADHYAY M P, JOSHI B K, 2003. Plant Genetic Resources in SAARC Countries: Their Conservation and Management: Nepal Chapter[M]. SAARC Agriculture Information Center.